山东省革命文物图文大系

山东博物馆 编著

科学出版社

北京

图书在版编目（CIP）数据

山东省革命文物图文大系：全十卷 / 山东博物馆编著. -- 北京：科学出版社，2024.12. -- ISBN 978-7-03-080020-6

Ⅰ. K871.62

中国国家版本馆CIP数据核字第2024SC9750号

责任编辑：张亚娜　樊　鑫／责任校对：张亚丹
责任印制：张　伟／书籍设计：北京美光设计制版有限公司

科学出版社 出版
北京东黄城根北街16号
邮政编码：100717
http://www.sciencep.com
北京华联印刷有限公司印刷
科学出版社发行　各地新华书店经销
*

2024年12月第 一 版　开本：889×1194　1/16
2024年12月第一次印刷　印张：123 3/4
字数：2 600 000

定价：3680.00元（全十卷）

（如有印装质量问题，我社负责调换）

分卷主编

第一卷	孙艳丽		第二卷	孙艳丽	贾依雪
第三卷	李 娉	贾依雪	第四卷	杨秋雨	
第五卷	杨秋雨	仪明源	第六卷	仪明源	于秋洁
第七卷	刘 宁	张小松	第八卷	刘 宁	怀培安
第九卷	怀培安	李 娉	第十卷	张小松	

撰写团队（按姓氏笔画排序）

卜 鑫	于佳鑫	于法霖	于秋洁	于颖欣	万本善	马 军	马 静	马天成
马克凡	王 美	王 浩	王 晶	王 鹏	王 睿	王小羽	王之信	王之谦
王丹青	王文红	王文博	王平云	王亚敏	王丽媛	王凯强	王思涵	王晓妮
王婀娜	王培栋	车 悦	毛洪东	孔凡胜	卢绪乐	仪明源	冯明科	宁志刚
毕晓乐	曲 菲	吕 健	吕其林	任 伟	任维娜	庄 倩	刘 宁	刘 畅
刘 凯	刘 婧	刘长艳	刘军华	刘丽丽	刘树松	刘剑钊	刘逸忱	江海滨
许 哲	许文迪	许盟刚	孙 佳	孙 颖	孙全利	孙利堂	孙纬陶	孙艳丽
苏 琪	苏力为	杜晨英	李 波	李 娉	李 媛	李 婷	李兴栋	李克松
李国盛	李寅初	李博文	李晶晶	李景法	李献礼	杨 坤	杨 昊	杨 燕
杨立民	杨亚昱	杨秋雨	杨靖楠	吴 昊	谷 森	怀培安	宋 松	宋卓远
张 丹	张 卡	张 军	张 媛	张 璐	张小松	张世林	张有才	张秀民
张美玲	张晓文	张海燕	张淑敏	陈 晓	陈 鹏	陈孟继	林立东	昌筱敏
罗 琦	罗永华	周 宁	周光涛	周兴文	郑学富	郑德平	官春磊	项 顼
赵 金	赵文彬	赵均茹	赵皎琪	赵蓓蓓	郝明安	胡可佳	姜羽轩	姜晴雯
姚 超	姚焕军	袁晓梅	聂惠哲	贾庆霞	贾依雪	贾婧恩	夏 敏	徐 艳
徐 静	徐 磊	徐晓方	徐赛凤	高丽娟	唐铭涓	黄巧梅	黄祖文	崔 强
崔萌萌	康甲胜	阎 虹	梁连江	梁新雅	董 艺	董倩倩	韩晓燕	焦玉星
赖大邃	雷 茜	蔡亚红	蔡运华	蔡言顺	薛喜来	穆允军	穆红梅	

学术顾问

邱从强　张艳芳　郑宁波　徐 畅　崔华杰

审校

李 娉　孙艳丽　怀培安　贾依雪

文物摄影

阮 浩　周 坤　赵蓓蓓　蔡启华

参加单位

★ 省直单位

山东博物馆   中共山东省委党校（山东行政学院）图书和文化馆

山东省档案馆   山东省图书馆

孔子博物馆   山东大学图书馆

★ 济南市

济南市博物馆   济南市章丘区博物馆

济南市济阳区博物馆   济南革命烈士陵园（济南战役纪念馆）

济南市莱芜区博物馆   中共山东早期历史纪念馆

★ 青岛市

青岛市博物馆   青岛海关博物馆

青岛道路交通博物馆   青岛市黄岛区博物馆

青岛市即墨区博物馆   青岛市即墨区烈士陵园

青岛市档案馆   青岛市革命烈士纪念馆

中共青岛党史纪念馆   中国人民解放军海军博物馆

莱西市博物馆   黄岛烈士陵园纪念馆

平度市博物馆   平度市烈士陵园

胶州烈士纪念馆

★ 淄博市

淄博市博物馆   淄博市焦裕禄纪念馆

淄博煤矿博物馆   黑铁山抗日武装起义纪念馆

淄博市公安局   桓台博物馆

高青县革命历史纪念馆   沂源博物馆

沂源县革命烈士陵园（革命历史纪念馆）

★ 枣庄市

枣庄市博物馆   铁道游击队纪念馆

台儿庄区贺敬之文学馆   台儿庄革命烈士陵园（战史陈列馆）

★ 东营市

东营市历史博物馆   中共刘集支部旧址纪念馆

东营市垦利区博物馆（含渤海垦区革命纪念馆）

★ 烟台市

烟台市博物馆	烟台市牟平区博物馆
烟台北极星钟表文化博物馆	烟台市蓬莱区烈士陵园管理处
莱州市博物馆	地雷战纪念馆
龙口市博物馆	栖霞市牟氏庄园管理服务中心
招远市博物馆	

★ 潍坊市

潍坊市博物馆	潍坊市革命烈士陵园管理处
潍坊市寒亭区博物馆	青州市博物馆
昌邑市博物馆	寿光市博物馆
安丘市博物馆	潍县西方侨民集中营旧址博物馆

★ 济宁市

邹城博物馆	金乡县文物保护中心
嘉祥县烈士陵园烈士纪念馆	梁山县烈士陵园管理服务中心

★ 泰安市

泰安市博物馆	泰安徂徕山抗日武装起义博物馆
中共东平县工委纪念馆	东平县博物馆
肥城市档案馆	新泰市档案馆
新泰市博物馆	

★ 威海市

中国甲午战争博物院	天福山起义纪念馆
威海市博物馆	乳山市文物保护中心

★ 日照市

日照市岚山区博物馆	日照市抗日战争纪念馆
莒州博物馆	五莲县博物馆

★ 临沂市

临沂市博物馆	山东省政府和八路军115师司令部旧址
大青山胜利突围纪念馆	华东野战军总部旧址暨新四军军部旧址纪念馆
沂水县博物馆	沂水县云头峪村《大众日报》创刊地纪念馆
沂水县中共中央山东分局旧址	沂蒙红嫂纪念馆
沂蒙革命纪念馆	莒南县博物馆
孟良崮战役纪念馆	平邑县博物馆
鲁南革命烈士陵园	

★ 德州市

德州市博物馆	冀鲁边区革命纪念馆

★ 聊城市

孔繁森同志纪念馆	聊城中国运河文化博物馆
聊城市茌平区博物馆	聊城市茌平区档案馆
东阿县文物事业发展中心	东阿县文物管理所
运东地委革命纪念馆	临清市档案馆

★ 滨州市

滨州市博物馆	邹平市文物保护中心（邹平市博物馆）
滨州市滨城区文物保护修复中心（滨州市滨城区博物馆）	
渤海革命老区纪念园	博兴县博物馆
阳信县博物馆	

★ 菏泽市

菏泽市博物馆	菏泽市烈士陵园（菏泽市抗日纪念馆）
菏泽市定陶区博物馆	菏泽市定陶区档案馆
菏泽市定陶区烈士陵园	东明县博物馆（东明县文物保护中心）
巨野县博物馆	郓城县博物馆
中国鲁锦博物馆	冀鲁豫边区革命纪念馆
单县档案馆	曹县档案馆
成武县烈士陵园	成武县档案馆
鄄城县档案馆	

序 言 一

知所从来，方明所去。

革命文物作为历史的鲜活见证，铭刻着中国共产党的光辉历程，展现了近代以来中国人民英勇奋斗的壮丽篇章。党的十八大以来，习近平总书记高度重视革命文物保护利用工作，多次考察革命旧址、革命博物馆，就革命文物工作作出系列重要指示、发表系列重要论述，指出"革命文物承载党和人民英勇奋斗的光荣历史，记载中国革命的伟大历程和感人事迹，是党和国家的宝贵财富，是弘扬革命传统和革命文化、加强社会主义精神文明建设、激发爱国热情、振奋民族精神的生动教材"，强调"加强革命文物保护利用，弘扬革命文化，传承红色基因，是全党全社会的共同责任"，为做好新时代革命文物保护、利用、传承工作指明了前进方向、提供了根本遵循。

山东是革命老区、红色热土，革命历史厚重，革命文物星罗棋布、系统丰富，记载了中国革命、建设和改革在齐鲁大地的伟大历程。山东省高度重视革命文物工作，省委省政府多次召开高规格的全省文物工作会议，省人大颁布全国第一部全面规范红色遗存和革命精神的省级地方性法规——《山东省红色文化保护传承条例》，建立健全山东省红色文化保护传承工作协调机制，成立全国第一个红色文化保护议事协调机构，编制完成《山东省革命文物保护利用总体规划》《山东革命文物保护利用片区专项规划》，启动《冀鲁豫革命文物保护利用片区专项规划》编制工作，全面确立新时代革命文物工作的任务书和路线图，革命文物机构队伍建设取得重大突破，为工作开展提供了坚强保障。统筹推进革命文物资源普查与研究、申报、认定，先后公布三批革命文物名录，全省认定不可移动革命文物1099处、可移动革命文物20199件/套，进一步摸清了革命文物资源家底及保存现状。坚持保护第一，强化系统保护，93个县入选第二批全国革命文物保护利用片区分县名单、数量居全国第一，山东大学与中国甲午战争博物院、临沂大学与华东野战军总部旧址暨新四军军部旧址纪念馆成功入选国家革命文物协同研究中心，成立山东革命场馆与高校融合发展联盟，全省革命文物保护状况持续改善，整体态势日益向上向好。注重传承转化，出台《全省博物馆、纪念馆十大革命文物陈列展览精品推介办法》，6项特色展陈入选中央宣传部、国家文物局"庆祝中国共产党成立100周年精品展览推荐名单"、入选数量居全国第二位，连续四年开展全省革命文物保护利用典型案例评选工作，成功举办四届"山东省红色文化主题月"系列活动，红色旅游品牌矩阵日臻完善，教育传承功能不断强化，融合发展作用大幅提升，革命文物的新时代价值充分彰显。

对革命文物的系统整理和研究，是促进革命文物保护利用工作高质量发展的重要保障。党史研究脉络繁复，路径多维，仅从文献中爬梳史料的传统近些年来已被突破，文献史料与实物资料相互补证成为新趋势。山东革命文物涵盖中国革命和建设的完整历程，所属时间跨度长且连续性强，对海量文物信息进行科学分类、系统整理和数字信息化处理意义重大。在"保护第一、加强管理、挖掘价值、有效利用、让文物活起来"的新时代文物工作要求指引下，以传承红色基因、赓续精神血脉、弘扬沂蒙精神为主旨，由山东博物馆牵头组织，全面梳理山东革命文物资源构成和分布，首次大规模集成全省文博系统、档案系统、图书馆系统、退役军人事务系统等123家单位1250件（套）革命文物精品，编纂出版《山东省革命文物图文大系》（全十卷）。

该书以近代以来山东革命历史发展为主题主线，以文物解读为主，辅以珍贵历史影像，图文并茂，深入挖掘革命文物深厚内涵和时代价值，彰显山东党组织在内忧外患中诞生、在历经磨难中成长、在攻坚克难中壮大的光辉历程，反映马克思主义中国化的理论成果，展现中国共产党人把马克思主义基本原理同中国具体实际相结合、同中华优秀传统文化相结合的历史进程；展现在中国共产党的领导下，全体中华儿女团结奋斗的光辉历史；凸显党的为民造福史，展现百年来党和人民水乳交融、生死与共的感人历史；凸显党的自身建设史，展现党勇于自我革命、永葆"赶考"清醒的大党气派。无论从内容体量还是文物解读来看，该书都是国内在革命文物研究出版方面难得的一部集史料性、学术性、普及性为一体的大型图书，将进一步促进全省革命文物资源共享、研究和活化利用，有助于发挥革命文物在党史学习教育、革命传统教育、爱国主义教育等方面的重要作用。

迢迢复兴路，熠熠民族魂。习近平总书记强调："我们党领导的革命、建设、改革伟大实践，是一个接续奋斗的历史过程，是一项救国、兴国、强国，进而实现中华民族伟大复兴的完整事业。"衷心地希望这套图书能够走进千家万户，让更多人了解山东革命文物，共同把红色资源利用好、把红色基因传承好，在新时代继续弘扬伟大革命精神，为实现中华民族伟大复兴的中国梦砥砺前行。

编辑委员会

序 言 二

　　"文载于物，族髓附间。运脉牵连，兴者襄见。"文化自信是中华民族发展中最深沉最持久的精神力量，以革命文物为重要载体的革命文化是弘扬中华民族精神、培育社会主义核心价值观的深厚滋养，更是新时代新时期推进文化建设、增强文化自信、建设中华民族现代文明的坚实基础。山东省，这片蕴含着深厚历史文化底蕴的土地，在中国近现代革命史上占有举足轻重的地位。今兹，本馆荣幸推出《山东省革命文物图文大系》（全十卷），此书不仅是对山东省革命文物和革命文化遗产的系统性整理与学术性呈现，亦是对山东省在中国革命历程中所起重要作用和所作重要贡献的专业阐释与深刻回顾。

　　新时代以来，在党和国家的亲切关怀下，山东省委、省政府高度重视全省革命文物事业，全省革命文物工作取得了长足进步。山东先后颁布全国第一部全面规范红色遗存和革命精神的省级地方性法规——《山东省红色文化保护传承条例》，成立全国第一个高规格的红色文化保护议事协调机构，建立全国首个革命场馆与高校融合发展联盟，为做好革命文物工作提供了有力的法律规范、制度保障和社会支持。山东博物馆藏可移动革命文物近3万件（套），是山东全省可移动革命文物的征集收藏、修复保护、研究展示和教育传播中心。馆藏革命文物所属时代跨度长且谱系完整，全面展现出山东革命战争时期、社会主义革命和建设时期、改革开放和社会主义现代化建设新时期的光辉历程。作为中华人民共和国成立后的第一座省级综合性地志博物馆，山东博物馆自建馆以来一直注重利用省级场馆文物资源的综合性优势，在传承齐鲁优秀传统文化中大力弘扬革命文化和社会主义先进文化；新时期以来更致力促进革命文物基础理论研究、实践应用研究、示范协同发展研究，探索山东革命文物保护利用工作新的话语体系，在革命文物的抢救性征集和口述史征集、综合保护（预防性保护、本体修复保护和数字化保护等）、整理研究、展示传播、研学教育、文化普及和馆校融合等方面，形成多维一体、创新发展的工作新面貌。

　　2021年以来，国家文物局《关于革命文物保护利用"十四五"专项规划》和《山东省革命文物事业发展"十四五"规划》相继推出，为革命文物保护利用提供了方向指引和政策规范。山东博物馆立足馆藏和全省革命文物资源，在革命文物保护利用实践工作中取得丰富经验和示范性成果。在文物保护方面，以推进各类项目不断提升业务水平。山东博物馆以获全国文保科技项目推广的"馆藏文物保存环境测控云平台"为科技支撑，以"馆藏近现代纸质文献规模化脱酸装备试制及实证"项目、革命文献高标准智慧库房预防性保护项目、馆藏珍贵武器类和纸质革命文物保护修复项目和"珍贵革命文物数字化保护及山东省革命文物数据库建设"项目等全国文保基金重点项目为基础，不断建立健全革命文物的高标准综合保护体系。在文物整理研究方面，先后立项"山东省革命文物调查、整理和利用研究""基于元数据标准分析模式的山东省珍贵革命文物数字化保护与文旅应用""山东百年党史文物的保护利用与展示宣传研究""《齐鲁文库·红色文献编》山东博物馆藏红色文献整理专项""文旅融合视域下省域馆藏革命文物和革命文化线路沉浸式整合展示研究""山东省可移动革命文物保护利用理论体系研究和示范性实践""山东红色文献的嵌入式修复技术研究"等系列省部级、厅级科研课题，不断于文博领域高级别期刊发表学术文章，编纂《立心铸魂——山东革命文物红色基因解读》《革命文物与学校思政教育融合发展》等学术性和普及性兼备的革命文物研究图著，形成以研究促业务、以业务促发展的综合体系。在展示传播方面，2015年来以抗战70周年纪念、建党95周年、建军90周年、中华人民共和国成立70周年、建党100周年、甲午战争130周年等重大时间节点为契机，连续推出革命文物主题陈列原创精品展览，先后获得全国博物馆十大精品陈列精品奖和优胜奖、中宣部和国家文物局建党百年精品陈列联合推介、国家文物局"弘扬中华优秀传统文化、培育社会主义核心价值观"展览重点推介、山东省革命文物精品展览特别奖等十余项国家级、省级荣誉，着力体现了革命文物主题陈列的守正创新，不断打造红色文化精神高地的亮点之作。在多元宣传方面，科技赋能博物馆和社会全媒体融合发展，每年依托全省法定"红色文化主题月"开展展览巡展、学术专栏、线上直播、视频推广、研学教育、演讲比赛等系列活动，形成中心辐射、省域联动的广泛影响，全景式、立体式、延伸式、矩阵式传播红色文化，多次入选全省和全国革命文物保护利用优秀案例推介。

为切实把革命文物保护好、管理好、运用好，深入挖掘我省革命文物深厚内涵，讲好革命故事，传承弘扬红色精神，2021年，山东博物馆立足全省革命文物资源，集合全省相关单位筹备编纂《山东省革命文物图文大系》（全十卷）。自2022年5月至2023年6月，在山东省文化和旅游厅革命文物处的统筹协调下，山东博物馆统筹全省各系统各单位各类资源，整理汇集全省123家单位革命文物1250件（套），初步完成《山东省革命文物图文大系》（全十卷）的框架体系和文物释读共60余万字。2023年6月5日，山东省文化和旅游厅革命文物处组织召开第一次专家论证会。党史研究专家对书稿内容进行审读、论证，重点对《山东省革命文物图文大系》的政治导向、主题立意、篇章结构、概要说明、文物图片和文物解读等方面把关。会后根据专家意见，山东博物馆组织对书稿内容进行了认真调整和梳理。2024年，该项目被列为山东省文化和旅游厅2024年度重点工作。在全面精益求精修改基础上，为提升书稿的质量和阅读体验，2024年3月至5月，山东博物馆精选800余张历史图片编入文稿，并撰写相关图片说明，增加文字近8万字。2024年5至7月，《山东省革命文物图文大系》（全十卷）书稿交予四位党史专家全面把关考订，同时山东博物馆派专业文物摄影人员和革命文物部人员赴全省16地市29家单位完成81件（套）革命文物的高清影像采集工作。

2024年下半年，《山东省革命文物图文大系》书稿交由科学出版社进行编辑出版。本书之编制，耗时良久，汇聚了众多专家、学者及各院馆单位的共同努力，精选了一系列具有重大历史意义的革命文物，辅以高清图片与详尽解读，旨在还原从近代以来至中华人民共和国成立初期山东省的革命历史和社会主义建设风貌。每一幅图版，均经过精心挑选与专业处理；每一段文字，皆基于严谨的研究与考证。通过这些高质量的视觉与文本材料，使读者得以深入理解动荡而光辉的历史。书中所述之革命文物，包括但不限于革命领导人的手稿、通信，普通士兵的遗物、日记，以及各类军事装备与生活用品。这些物品，虽形态各异，但无一不承载着革命先辈们的理想信念与厚重精神。它们不仅是历史的实体见证，更是革命精神的物质传承。

《山东省革命文物图文大系》的出版，旨在提升公众对山东省革命历史的认知，同时推动相关领域的学术研究。我们期望通过此书，让学界与社会各界人士能够更全面地了解山东在中国革命史上的重要角色，了解革命先驱们的英勇事迹，从而汲取历史的智慧与力量。

在此，我们对所有参与本书编纂的文博同仁、各系统单位的专家学者、文物摄影师、编辑及其他工作人员表示最诚挚的感谢。团队的专业素养与辛勤付出，确保了本书的学术水准与出版质量。同时，我们也期待广大读者能通过本书，深化对革命文物历史价值的理解，进而增强对国家历史的珍视与对未来的信心。

让我们一同翻阅《山东省革命文物图文大系》，透过历史的镜头，洞察时代的脉络，承继革命先烈的遗志，为推动中华民族的伟大复兴而不懈奋斗。

山东博物馆党委书记、馆长

山东省
革命文物
图文大系

第一卷

孙艳丽　主编

暗夜觉醒
夜醒

鸦片战争—辛亥革命

科学出版社
北京

前　言

　　中华文明，源远流长，历久弥新，为人类文明作出了重要的贡献。而至晚清奉行"闭关锁国"，导致了中国在一定程度上错过了工业革命带来的科技进步和社会变革的机会。自17世纪至20世纪初，欧洲国家经过两次工业革命，生产力飞速发展，在激烈的贸易竞争和殖民地争夺中，亚洲各国被卷入了资本主义世界市场。19世纪末20世纪初，帝国主义列强更掀起了瓜分中国的狂潮。随着西方列强的不断入侵和封建统治的专制腐败，中国民族危机和社会危机空前加剧，中国逐步沦为半殖民地半封建社会。救国寻路、民族复兴成为近代中国的政治主题。即使在封闭的状态下，中华文明内部仍然存在着自我更新的力量，这种力量使得中华文明能够在困境中求生存、谋发展。广大民众在民族屈辱和历史沉沦中奋起抗争、不懈探索。

　　鸦片战争后，西方列强对山东开始了军事侵略、经济掠夺和文化殖民。在中西文明的剧烈碰撞和融合中，山东以工求强、拓荒破冰，在领风气之先的赶追探索中，推动了经济社会转型、思想变革和民族意识的觉醒。为拯救民族危亡，山东独立、光复登黄，在全国民主革命运动中产生了重要影响。辛亥革命在山东兴起和发展，成为长江以北规模、影响最大的反清革命力量。仁人志士奔走呐喊，苦苦探索，却诸路不通，时代呼唤着真正能够带领中华民族实现伟大复兴使命的承担者。

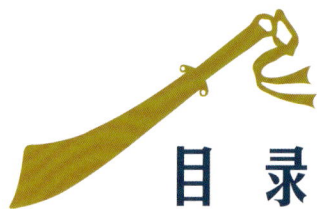

目 录

第二章

御侮抗捐
国民宜醒

第三章
辛亥声浪
光复登黄

第一章

不屈抗争
甲午国殇

晚清社会民生凋敝，国力衰弱。西方列强依靠坚船利炮屡次入侵，山东的半殖民地化程度不断加深。鸦片战争期间，青州驻防满洲旗兵在镇江战役中同英军浴血奋战。面对列强入侵和清政府日益沉重的压迫剥削，山东民变四起，太平天国北伐军、捻军等都在山东屡败清军。

1894—1895年的中日甲午战争，千余将士捐躯海疆，曾经威震东西的北洋海军全军覆灭，清王朝苦心经营的万里海防轰然敞开。"唤起吾国四千年之大梦，实自甲午一役始也"，甲午之战，北洋官兵充分表现了顽强的战斗精神和血战到底的英雄气概。甲午之殇，国人永记。

　　清代石灰石质纪事碑两方。一方是刻于清道光二十三年（1843 年）的显忠碑，高 208 厘米，宽 92 厘米。另一方是刻于清道光二十五年（1845年）的钞刻江苏镇江府建立青州驻防忠烈祠碑，高 214 厘米，宽 92 厘米。两碑真实记录了第一次鸦片战争期间青州驻防满洲旗兵在镇江战役中同英军浴血奋战的经过。

　　1840 年 6 月，英军悍然发动了鸦片战争。1841 年 6 月，英军进犯长江门户吴淞，直逼南京。10 月，青州奉谕挑选驻防满洲精兵 500 人移守江宁。次年二月，移守镇江。1842 年 7 月，英军进犯镇江。在镇江战役中，青州旗兵力保城门不失，顽强抵抗，甚至在守城将领海龄自杀、失去指挥的情况下，仍节节抵抗，奋勇拼杀，与英军展开激烈巷战。这次战役青州旗兵战死 65 人，伤 100 余人，造成英军伤亡 185 人。1843 年 6 月，为纪念殉难将士，镇江人民在府城西门里建忠烈祠，并立纪念碑。时任镇江知府的崔光笏亲撰碑文，记载了青州旗兵浴血奋战、誓死保卫镇江的经过，碑阴刻录阵亡将士姓名。同年 8 月，青州知府李廷扬也在青州立碑褒扬，并撰写显忠碑文，将殉难官兵姓名刻于碑阴。1845 年 2 月，青州满营左翼笔帖式多善抄写了江苏镇江府建立的青州驻防忠烈祠碑碑文，并由驻防青州满营协领穆克登阿、达善等人立石题跋"钞刻江苏镇江府建立青州驻防忠烈祠碑"，与显忠碑并立于青州驻防满洲旗城内。

青州驻防
镇江战役显忠碑

清道光二十三年（1843年）
青州市博物馆藏

钞刻江苏镇江府建立
青州驻防忠烈祠碑

道光二十五年（1845年）
青州市博物馆藏

兵守城益戰事及見郡紳士

朋兵素號驍健調成於淮南省遷

州兵四百人裕併刀成於州兵防遷

呼城十三二門者獨無青州天兵將防

臨城也面為六之月十四日州天兵將

呼未己也而賊之由十門日登將

奮林穎身文安見戍之冬不登

　　1865 年，捻军在国内发动大规模起义，并与太平天国军队联合作战。5 月，捻军于山东曹州(今属菏泽)城西高楼寨设重围伏击清军僧格林沁部，阵斩僧格林沁，全歼其所率骑兵。

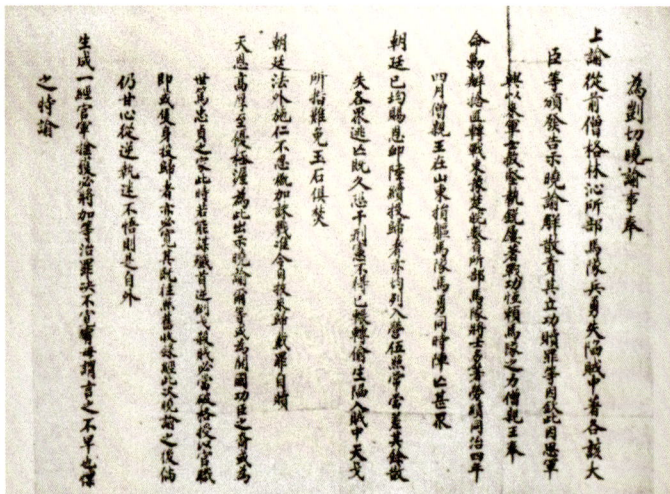

高楼寨战役后清政府招抚
僧格林沁部散失兵勇的告示

捻军使用过的刀

清末
山东博物馆藏

烟台南上坊村村民初日俊
参加捻军时使用的短刀

1861年
烟台市博物馆藏

清咸丰十一年（1861年）烟台南上坊村村民初日俊参加捻军时所用，是捻军在烟台活动的物证。1965年7月，初永斋（初日俊之孙）捐赠给烟台市博物馆。此刀刀身整体呈柳叶状，上宽下窄，木把手。刀护手形状特殊，与柄首相连，呈D字状，并由刀背一侧向下延伸，形成护手钩。此设计便于执、拿，便于腰间悬挂、携带，进攻时护手钩还有一定的攻击力。

鸦片战争后，清政府统治更为腐朽，广大农民承受着封建主义和外国资本主义的双重压迫，社会矛盾不断激化，各地起义不断。捻军是1853年至1868年间活跃在长江以北皖、苏、鲁、豫四省的反清农民武装，与太平天国运动南北呼应。"捻"是淮北的方言，是组、群的意思。其成员主要为贫苦的百姓和手工业者，主要领袖有张洛行、赖文光等。捻军起义截断了京畿至江南的交通线，清政府因而选取烟台作为南方各省漕粮的海运中转。1861年和1867年，捻军两次奔袭烟台。1861年9月，捻军分两路进入胶东半岛，进攻登州、栖霞、福山、芝罘等地。在烟台，捻军攻占通伸岗，遭到英法军舰炮击后被迫退出。1867年6月，捻军再次进入山东。7月，捻军一部进攻福山，兵临烟台，遭到清军洋枪队与英法海军联合镇压，再次败退。捻军两次进军烟台，虽在中外势力联合镇压下失败，但也给了清朝统治者以沉重打击。鉴于捻军的进攻和外国列强在烟台日益增长的势力，清政府开始改变烟台有城无防的状态。为"剿发捻、勤远略"，海防营、炮台等军备设施逐渐在烟台建立起来。

左宝贵

1837—1894

字冠廷，回族，山东费县地方镇（今属平邑县）人。清末著名民族英雄。1856 年，左宝贵携带两个弟弟应募从军，编入江南军营，开始了戎马生涯。他随清兵转战大江南北，在战斗中屡立战功，受到重用，累升千总、都司、游击、参将、总兵、记名提督，成为清廷高级军官，乡人称之为"左军门"。甲午战前任广东高州镇总兵，但仍驻防奉天（今沈阳）。1894 年中日甲午战争爆发，清政府调集左宝贵等五路大军增援朝鲜。9 月 15 日，在平壤保卫战最激烈的玄武门对日作战中，左宝贵"衣御赐衣冠，登陴督战"，虽负伤不退，裹创再战，终壮烈殉国，是甲午战争中阵亡级别最高的陆军高级将领。光绪皇帝亲作《谕制祭文》以痛悼，清廷谕令"从优加赠太子太保衔"，谥号"忠壮公"，授"骑都尉兼一云骑尉"等封号，将其英雄事迹交付国史馆立传。

左宝贵获赐的蓝色纱彩绣蟒袍

清末
山东博物馆藏

此件蟒袍由山东省民族事务委员会移交，1981年入藏山东博物馆。

质地丝，圆领，大襟右衽，左右马蹄袖均缺失，石青色素缘，直身式袍。缀铜鎏金光素扣三枚。蟒袍前胸后背各以金线绣正蟒一条，前后身膝襕处各以金线绣两条相同的升蟒，而左右肩处则各饰行蟒一条，另外小襟处饰一条升蟒，周身共饰五爪蟒九条。在主体九蟒图案之外，间饰宝瓶、双鱼、法螺、盘长结、法轮、莲花、宝伞、白盖等佛教八宝图案以及云蝠纹。在蟒袍下摆则饰"海水江崖"纹，寓意江山永固、万世升平。

《皇朝礼器图式》卷五"冠服"载"民公蟒袍，谨按，本朝定制民公蟒袍，蓝及石青诸色随所用，通绣九蟒皆四爪，曾赐五爪蟒缎者亦得用之。侯以下文武三品郡君、额驸、奉国将军以上一等侍卫皆同。"山东博物馆所藏此件蓝色五爪九蟒图案的蟒袍为一件赐服，获赐时左宝贵的官职品级应为三品以上。

左宝贵用过的七星宝剑

清末
山东博物馆藏

　　此剑为1894年中日甲午战争中壮烈殉国的清军将领左宝贵的遗物。剑柄、剑鞘木质，剑柄首、剑护手、鞘口、上箍、中箍、下箍和鞘尾包铜；柄首、鞘口、鞘尾在鲛皮地刻铸缠枝花纹，其余部位鲛皮脱落；剑柄中间铸有五瓣手花；剑护手铸有双角兽面纹；剑身有剑脊，剑刃锋利。

甲午战争平壤保卫战时，日军夺取牡丹台制高点，左宝贵率军奋力抵抗，给日军以沉重打击。图为平壤制高点牡丹台和玄武门的远望图。

左宝贵的遗物：玉带

清末
山东博物馆藏

　　此玉带为1894年中日甲午战争中殉国的清军将领左宝贵的遗物，通体为青玉质，以夹棉红缎衬底。此套玉带共有十三块。前身正中为三块正方带銙和两块小长方带銙交错并排，其左右各为一较长的长方带銙和鉈尾，双尾左右各两块桃形带銙。带銙均镂空透雕云龙纹，并在带銙左上和右上处镂刻"福""喜"二字，雕刻技艺精湛。

左宝贵的时局政事奏折

清末
平邑县博物馆藏

  奏折长117厘米、宽30厘米，共十余折，每折6行，共计1300字，是左宝贵回答皇帝制策提问的时局政事奏折。

  左宝贵奏折中有"皇上亲政之初"一语，说明该奏折写于光绪帝刚刚亲政的1889年。由于奏折是回答皇帝制策提问的，所答对内容局限在皇帝所提的问题上和范围内。奏折的主要内容有：①治国之道在于务实，提倡学习先哲"圣学"要学以致用，反对教条，主要"昌明正学，纲领群言"，"监成宪而罔愆，学古训而有获"；②分析东北三省的地理位置，认为东北三省是国家的根本重地；③守土之要在于海防，同时强调得人心者得天下，指出"战器不如战地，战地不如战人。自古用兵，未有不以得为先也。"左宝贵在奏折中认为："进德修业，治之原也。分土建邦，治之要也。任地作贡，治之经也。千圣百王之道，恒必由之"。他衷心希望"皇上亲政之初"，"能兢兢业业，日进无疆，锡极以诚民，披图以度地，理财以足用，柔远以睦邻。本持盈保泰之心，致累洽重熙之治"，永保国家长治久安。

何足以承大對而備咨詢顧當對揚伊始之時正值特開

恩榜之日勵多士以各陳讜論其何敢仍故習摭浮辭乎伏讀

制策有曰帝王心法治法相為表裏而因求昔聖微言往哲緒

論此誠正位凝命之大原也臣謹案蔡沈書傳曰二帝三

王之治本於道二帝三王之道本於心大學始終一敬主

敬者此心也中庸樞紐一誠存誠者亦此心也宋真德秀

作大學衍義四十三卷取經文二百五字證以堯典皋陶

謨伊訓之書思齊之詩家人之卦子思孟子董仲舒揚雄

之說發明聖學淵源治道根柢自序謂為君天下者之律

令格例其於格致誠正修齊之旨分為四大綱意在以本

貫末故略治平而不言明邱濬補之先之以審幾微為目

十有二而後經世大法粲然可觀誠羽翼真氏之書也夏

良勝中庸衍義頗採邱氏之說而於崇神仙好符瑞改祖

制抑善類數端周詳反覆所以匡益乎當時事局者實多

君人者誠能辨治忽於幾先析理欲於性始以三代為必

可至以萬事為必可康勿逐經生之末法而上規其本勿

事講幄之虛文而務崇諸實庶政無不舉而道無不章已

皇上昌明正學綱領羣言則監成憲而囿徵學古訓而有獲矣

制策又以東三省為國家根本重地因詳求歷代之建置沿革

此又體國經野之至意也臣謹案東三省中惟吉林所轄

左宝贵的书信集

清末
平邑县博物馆藏

　　该书信集共一册，114页，收有来往信件49封，计12000余字。除左宝贵写给"春山"一封、马占鳌写给他人（也可能写给左宝贵）的书信各一封外，其余47封，涉及43人，均是当时文武官员、亲朋好友写给左宝贵的。比较著名的人物有叶志超、盛宣怀、宋庆、刘含芳、戴宗骞、马占鳌、章高元、谭广庆、程允和、善联、龚昭玙等。信件中有19封是向左宝贵祝贺端午节，12封是祝贺中秋节，4封祝贺左宝贵赏戴双眼花翎，3封是亲朋私信，9封是下级向左宝贵汇报军事活动和有关开矿山、修铁路等事务。

　　从书信集所有来往信函的内容和称谓看，书信集各信件写成与收发的时间，应在左宝贵补授广东高州镇总兵之后到中日甲午战争率部出朝以前，即1889—1894年之间。书信集的内容特别是左宝贵参与兴修铁路，开采矿石，振兴文教，装备新式军队等洋务事功，为左宝贵的生平事迹提供了历史物证。

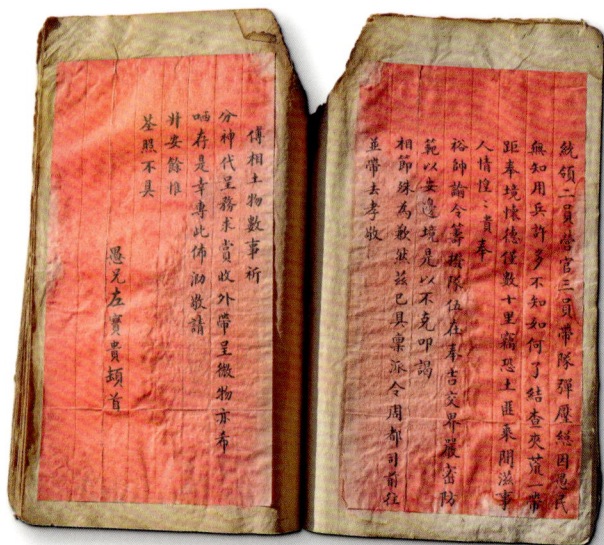

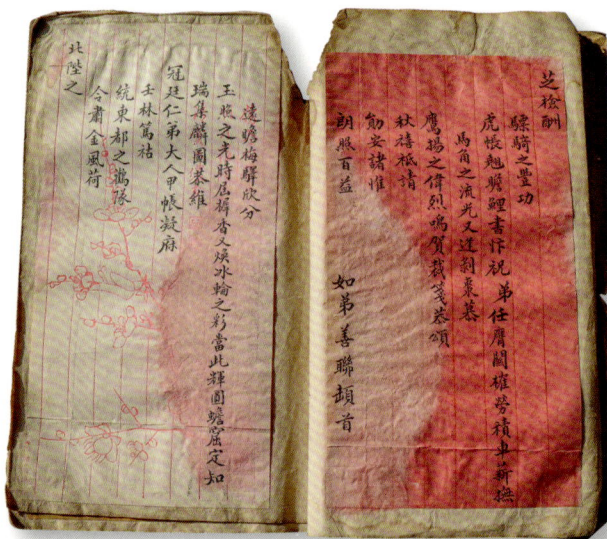

洋匠墨海測平水已至州城東八里舖又據廣佐領音
劉丞朝鈞報稱前稟購地約在月之初六日可至中後所
惟洋匠墨海在前途測度平水數日總單必須洋匠金
達核定方交地局如式購買以免錯謬而金達現駐關內
唐山以致平水總單送彼考校往返十數日方回所以
購地委員有數日在局靜候無憑購買因此遷滯時日
約在初十日前後購至中後所周金聲因接李觀察少卿
電信約伊赴灤州有面商要事伊於初四日由後所

宋庆

1820—1902

　　字祝三，山东蓬莱人。早年在山东登州入伍。1874 年，调任四川提督，驻兵潼关。1880 年，会办奉天防务；1882 年，驻防旅顺。1894 年中日甲午战争爆发，平壤战后，宋庆以 75 岁高龄受命于败军之际，接替叶志超任前线总指挥，部署鸭绿江防线，坚持辽东作战。1895 年 2 月 24 日，清军第四次反攻海城时，宋庆率毅军、铭军据守太平山。宋庆身先士卒，督军力战，迎击日军三路夹击。宋庆虽坐骑中炮、"堕马伤腰"，仍易骑再战，所部将士迎炮以上，一战击毙日军 300 多人。时人评价宋庆称："毅军之名，几出湘、淮诸军右，即东西洋之善战者，亦服公之血诚忠勇。"

宋庆的盔甲

清代
山东博物馆藏

　　此套盔甲为宋庆的战袍。盔是金属质，盔上雕饰龙梁，有覆碗、盔盘，盘上竖翎管，上插两株立翎，两翎之间是镂花金属座，座上衔一长花苞形红珊瑚顶子。盔甲的面料为织锦缎，其上满布铜泡钉；甲衣为圆领对襟、马蹄袖，双肩装有护肩，其下有护腋，胸背佩圆形护镜。胸镜下配梯形护腹；腰下左侧佩弓袋，右侧挂箭囊；盔甲下身为左右两片的围裳，前身垂佩绣有狮头纹的蔽膝。

昭忠祠碑位于辽宁省锦州市区大广济寺院内，立于1898年（清光绪二十四年），是中国唯一的甲午陆战纪念碑。

碑文名为《大清敕建锦州毅军昭忠祠碑记》。碑首题铭"敕建昭忠祠碑"六字。碑文凡二十四行，计1529字，系参战的毅军将领宋庆所撰写，翔实地记录了甲午陆战的起因、详细经过、战斗场面以及毅军牺牲的人员统计。

碑文记载了宋庆、马玉崑率领的毅军自1894年8月4日参加援朝的平壤抗战起，至1895年2月的田庄台战役止，在6个月的时间里，经过了甲午陆战的全部过程。毅军身历7个战役，以4000人的军队，在孤立无援的情况下，与装备先进的日军进行了殊死战斗。毅军将士置生死于不顾，斩敌无算，虽伤亡鳞叠，但仍浴血奋战。

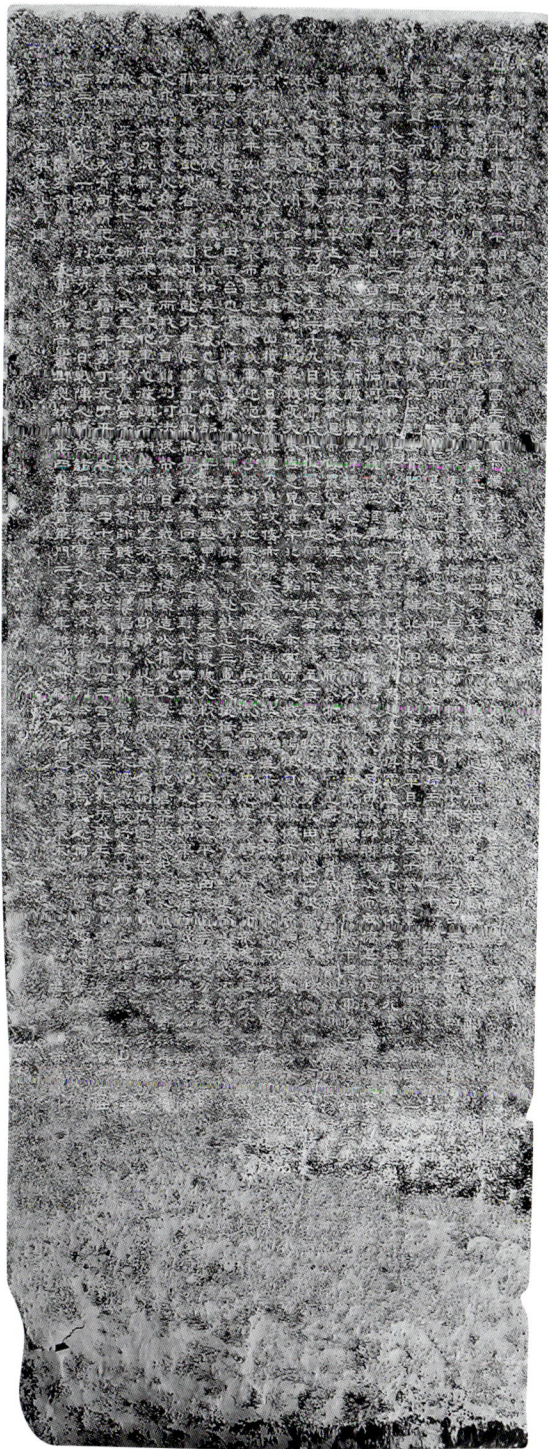

大清敕建锦州毅军昭忠祠碑记

刘铭传

1836—1896

字省三，自号大潜山人，安徽合肥人，清朝末期淮军重要将领，台湾省首任巡抚，更是深受两岸民众敬仰的民族英雄。铭军为刘铭传所部简称。1861年，李鸿章招募淮军，刘铭传所部团练即归其统辖，为淮军主力之一。1884年6月，驻防台湾，在台北、基隆、沪尾（今淡水）等地方多次打败法军。后调驻奉天大连湾，改由刘铭传之侄刘盛休统率。1894年中日甲午战争爆发后，刘盛休率12营自驻地赴九连城抗敌，参加鸭绿江战役等辽东战场多场战役。鸭绿江防线崩溃后，退至岫岩。11月随宋庆退至金旅。辽东之战失利后，刘盛休去职，改由临元镇总兵姜桂题接领。旅顺陷后，姜桂题率部退往金州，与宋庆军会合，移驻辽河下游牛庄、高坎、营口一带，参加反攻海城战役争夺大平山和保卫田庄台等战斗，直至战争结束。

甲午战争铭军 军服单上衣

1894—1895年
中国甲午战争博物院藏

该件单上衣军服，是清朝陆军"铭字军"的军服。棉布质料，以蓝色布料为主，领口、袖口、斜襟、下摆均用红色布料镶宽边、黄色布料滚细边，下摆前后左右各饰一如意纹。前胸与后背各缝缀一圆形补子，补子周边饰连回纹，中间印写"铭字中军右营左哨队正勇"字样，表面刷防水桐油。

北洋水师陆军所用武器：顺刀

清末
青岛市博物馆藏

　　此为俗称"二人奇"的顺刀。刀细刃尖，刀身与手柄同宽，刀身铁质，手柄木质，刀身与手柄处以木片和多枚铆钉固定。缺鞘。顺刀为军中逢山开路，近战刺杀之用。顺刀是参考蒙古短刀而发展出的制式短刀，是现代刺刀的雏形，此把顺刀曾为北洋水师陆军使用。中华人民共和国成立后威海海埠村捐赠。北洋水师的陆军是中国最早的海军陆战队，在《北洋水师号衣图说》中所列洋枪队即为陆战队，区别于普通水兵，担负着"专司稽查船务及兵勇登岸各事宜"。由于陆战队在进行接舷战和登陆战时短兵相接的机会比较多，冷兵器仍有一定作用。

蓬莱东炮台哨长鲁廷训使用的指挥刀

1894年
青岛市博物馆藏

此刀为清末北洋水师军官所配。指挥刀是西式刀，刀柄外覆黑皮，刀鞘为铁皮，刀鞘上有两个挂钩点，可与铜质护手上的挂钩相连接，刀身为钢质。指挥刀除了可上阵杀敌，更多的是代表着军官的身份，并具指挥作战之用。

根据征集记录，该指挥刀为甲午战争时期任蓬莱东炮台的哨长鲁廷训所有。蓬莱东炮台是烟台沿海三座炮台之一，也是最早建成的一座。在甲午海战中，由于距离威海卫战场遥远并未参战。在《辛丑条约》中以"有碍京师至海通道"为由而被拆毁。

李鸿章

1823—1901

字渐甫或子黻，号少荃（泉），安徽合肥人。晚清军政重臣，官至直隶总督兼北洋通商大臣。洋务运动的核心人物，北洋海军的筹建者和领导者。1885 年 10 月，清政府设立总理海军事务衙门，统一海军指挥，标志着海军成为一个独立军制军种。另派李鸿章专司北洋精练海军事宜，北洋海军得到优先发展。

清直隶总督兼北洋大臣
李鸿章题北洋海军联轴

1894年
中国甲午战争博物院藏

联轴质地为蜡笺。该对联是李鸿章于1894年5月校阅北洋海军时所题。上联：万里天风永靖鲸鲵波浪；下联：三山海日照来龙虎云雷。上联署"光绪甲午春日"，钤章"清宫太傅"；下联署"合肥李鸿章"，钤章"大学士肃毅伯""李鸿章"。

1875年4月，清廷发布上谕，派李鸿章督办北洋海防事宜，派沈葆桢督办南洋海防事宜，并决定每年拨出四百万两白银作为经费，建设南洋水师、北洋水师。沈葆桢认为"外海水师以先尽北洋创办

为宜，分之则难免实力薄而成功缓"。清廷考虑到北洋水师负责守卫京师，于是采纳沈葆桢的建议，先创设北洋一军，待实力雄厚后，"以一化三，变为三洋（北洋、南洋、福建）水师"。经过十余年的筹备，1887年，清廷将水师提督衙门设立在威海卫刘公岛，"设提督一员统领全军操防事宜，归北洋大臣节制调遣，设威海行营以为提督办公之所"。1888年，北洋海军正式成军，拥有新型军舰二十余艘、官兵四千余人。威海卫和旅顺两大基地守卫京津门户。北洋海军拥有完善的人才培养机制和管理编制、军事训练、教育培训及后勤保障等体系，其综合实力和近代化程度堪称亚洲之首、世界一流，标志着中国近代海防建设达到顶点。

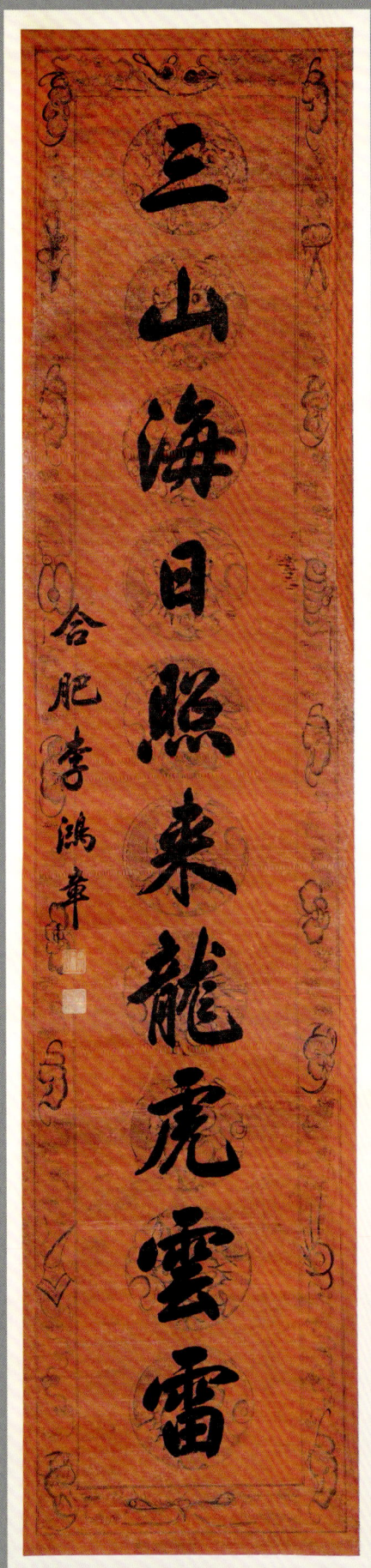

三山海日照来龙虎云雷

合肥李鸿章

万里天风永靖鲸鲵波浪

光绪甲午春属

19世纪70年代福建船政学堂第一届毕业生合影

晚清政府先后筹建福建船政学堂、天津水师学堂和威海水师学堂三所海军学校，为北洋海军培养了大批骨干力量。福建船政学堂创办于1861年，是中国近代第一所海军学校，专门培养海军舰船驾驶和制造人才，是中国近代海军教育的摇篮。清政府在大力培养和奖掖人才的同时，1877年，福建船政学堂选派毕业生分赴法国和英国留学，学习舰船驾驶技术，其中多人后来成为北洋海军高级将领。

北洋海军作为晚清成立的近代化海军舰队，综合实力位于南洋、福建、广东水师之上。图为北洋海军官兵合影。

丁汝昌

1836—1895

原名先达，字禹廷，安徽庐江人，北洋海军提督。丁汝昌父辈务农，家境贫苦。早年参加太平军，相继改投湘军、淮军。1868年授总兵，加提督衔，赐"协勇巴图鲁"称号。1879年，李鸿章奉命筹办北洋水师，令丁汝昌任北洋水师督操。1881年，丁汝昌率林泰曾、邓世昌等人赴英接收订购的"超勇""扬威"两艘巡洋舰回国。不久，清廷委派其统领北洋水师。1882年7月，朝鲜汉城发生"壬午兵变"，丁汝昌率舰迅速解决了兵变，事后被授为天津镇总兵。1888年，清政府定海军经制，授丁汝昌为北洋海军提督，1894年又赏加尚书衔。

1894年夏，日本蓄意挑起丰岛海战，拉开了甲午战争序幕。黄海海战中，北洋舰队重创日舰，自身亦损，主力尚存、斗志未失。

中日甲午战争爆发后，丁汝昌指挥北洋水师与日军展开大东沟海战，因指挥失误被革职留任。之后率舰队驶回威海，积极部署威海保卫战。1895年，在威海卫之战中，指挥北洋舰队坚持抵抗日军的围攻。在日军进攻威海南帮炮台的制高点摩天岭时，丁汝昌率舰队从海上用火力支援炮台守军，击毙日军旅团长大寺安纯（为甲午战争中日军被打死的最高将领）。由于众寡悬殊，威海陆路南北帮炮台相继失守，刘公岛遭海陆合围，成为孤岛。北洋舰队孤守刘公岛，援绝弹尽，死战直至全军覆没。其间，丁汝昌严词拒绝了日本联合舰队司令长官伊东祐亨的劝降，后见援兵无望，在刘公岛服毒，自杀殉国，终年59岁。丁汝昌自尽后，手下军官牛昶昞盗用他的名义，与日方签订了《威海降约》。1910年，经载洵及萨镇冰等人力争，清廷为丁汝昌平反昭雪。

北洋海军提督丁汝昌像

1879—1895年
中国甲午战争博物院藏

该照片为日本CDV式，系采用蛋清混合感光剂洗印，裱贴于卡纸上，属当时日本国内印售的卡片形式的照片。背后有毛笔手书"清国丁汝昌"字样，应系日本收藏者所题。从照片中丁汝昌的年龄、相貌、衣着及欧式座椅来看，可能摄于1879年其被任命为北洋水师督操之后，1881年赴英国接收"超勇""扬威"军舰期间。

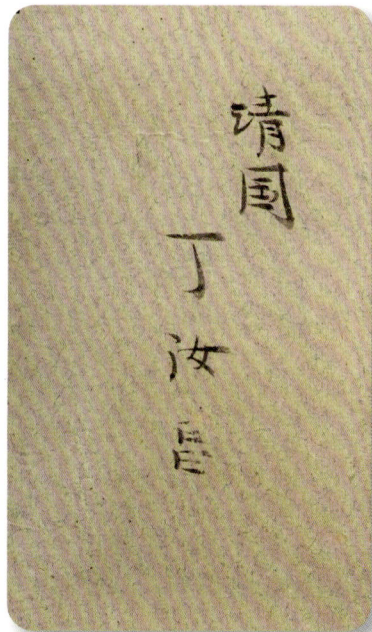

丁汝昌用过的端砚

1879—1895年
中国甲午战争博物院藏

　　此端砚为1997年丁汝昌第五代孙丁昌明捐赠。包含端砚1件，上下红木套盒各1件。该端砚系丁汝昌文房用品。端砚石质坚实、润滑、细腻，石面上无任何图案花纹装饰，古朴凝重。套（砚）盒色泽沉稳，方形，砚盒起着防尘和保护砚石的作用。盒底部有直角形"四脚"，与盒形的四角线条相吻合。砚盒之脚除了起装饰作用外，更多出于移动和洗涤端砚方便。砚盒本身比砚石四周宽些，以方便取放。

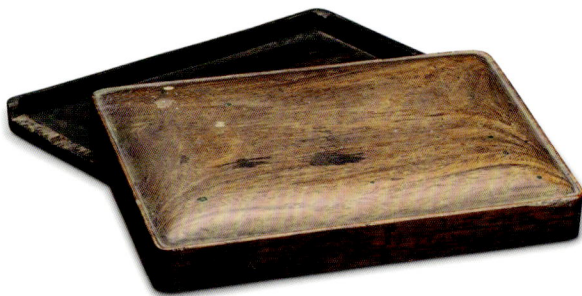

1888—1895年
中国甲午战争博物院藏

　　该座椅系提督丁汝昌在刘公岛海军公所内的专用家具，日军占领刘公岛后失落。1963年，威海市文化馆刘德煜和戚其章（著名甲午战争史学者），用小麦和玉米各一石，从威海城里一户戚姓人家征集，后收藏于威海市文化馆。现仅存底座、雕蟒扶手等残件。

　　1890年，威海刘公岛水师学堂成立，成为继福州船政学堂、天津水师学堂之后的又一所海军学校。学堂首届招生36人，吴纫礼、罗开榜是第一届毕业生中的佼佼者。甲午战败后，学堂也随之停办。

威海卫刘公岛北洋海军水师学堂西辕门

丁汝昌"柔远安迩"德政碑

1890年
中国甲午战争博物院藏

　　1986年出上于刘公岛。该碑立于1890年，系刘公岛绅商为北洋海军提督丁汝昌所立德政碑。碑体灰白花岗岩材质，长方体，表面磨光，上部两角抹角。正面中间刻大字楷书"柔远安迩"；右侧小字楷书题款"钦命头品顶戴海军提督总统全军西林巴图鲁丁老军门禹廷次章德政碑"，左侧中字楷书署款"光绪十六年孟夏，刘公岛绅商敬立"，背面及左右面光素无文。

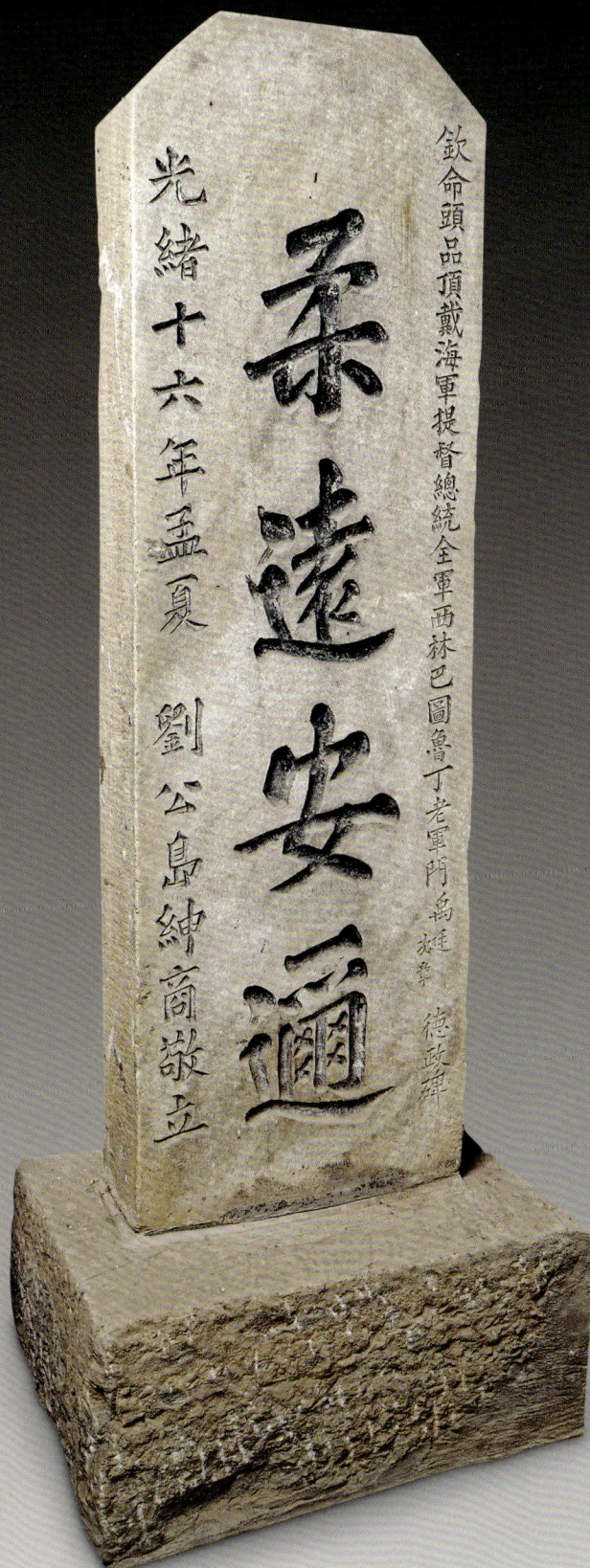

刘步蟾

1852—1895

字子香，福建侯官人，福建船政后学堂第一期驾驶班毕业生。北洋海军右翼总兵、"定远"舰管带。19世纪70年代，中国向西方海军强国派出了第一批海军留学生，刘步蟾就是其中的佼佼者。1877—1879年，刘步蟾在英国海军深造，任英海军"马那多"旗舰见习大副，期满考试获英海军优等文凭。归国后，任北洋水师镇北炮舰管带，主张大力扩充海军力量以抵御外敌入侵。1885年，自德国将"定远"铁甲舰接驶回国，充任该舰管带，旋升副将。后刘步蟾参与筹建北洋海军和起草《北洋海军章程》。1888年，北洋海军正式成军，刘步蟾被任命为北洋海军右翼总兵兼"定远"旗舰管带。1894年中日甲午战争爆发后，9月17日，中日两国海军主力在黄海海面遭遇，展开激战。战斗中，提督丁汝昌身负重伤，刘步蟾代为督阵。他指挥"定远"舰英勇作战，重创日本舰队旗舰"松岛"号。战后返回旅顺，奉命署理北洋海军提督，悉心督修战舰。威海卫保卫战中，"定远"舰被偷袭的日本鱼雷艇击伤，后被迫搁浅在刘公岛东部充作"水炮台"。当时刘公岛局势日益恶化，因恐"定远"舰将来落入敌手，2月10日，刘步蟾下令将"定远"舰炸沉。当夜，刘步蟾拒绝降敌，自杀殉国，践行了他"苟丧舰，将自裁"的誓言，年仅43岁。

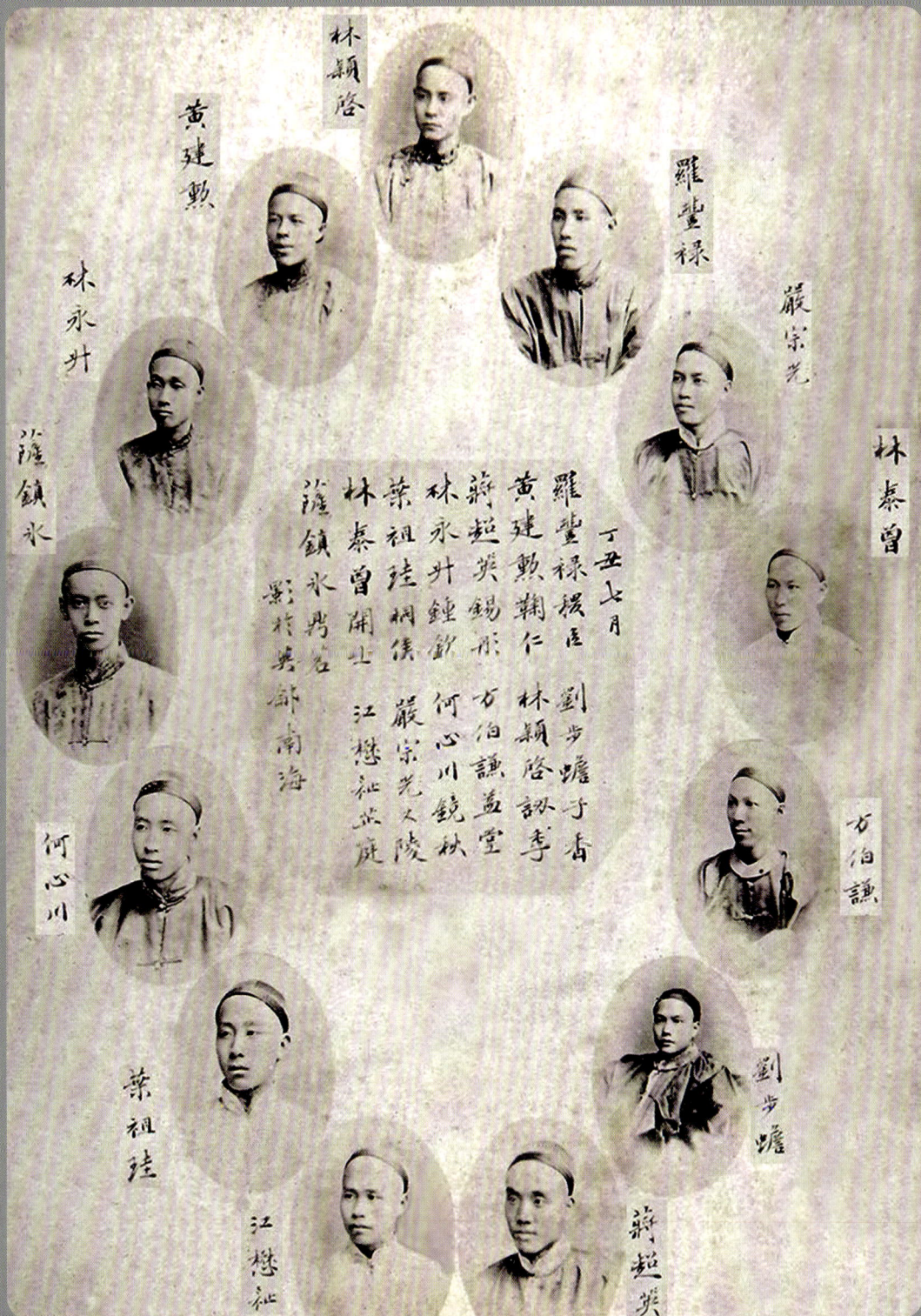

1877年，清政府选派船政毕业生与艺徒33名赴英法留学。图为第一批赴英国留学的12名驾驶学生（刘步蟾、林泰曾、蒋超英、严宗光、方伯谦、何心川、林永升、叶祖珪、萨镇冰、林颖启、江懋祉、黄建勋）与翻译罗丰禄（图片由王纪华先生提供）。

"定远"舰管带
刘步蟾使用过的铜盘

1877—1895年
中国甲午战争博物院藏

　　宽折沿，浅直腹，平底造型，欧式风格，采用錾刻镀银工艺。盘沿周饰菊叶纹，内底饰米字形对称缠枝草叶花卉纹样，外底光素无纹。据考证，此铜盘可能为刘步蟾1877年留学英国或1881年赴英国、1885年赴德国接带军舰时所购买。

1895 年威海卫之战，北洋舰队和刘公岛陷入日军海陆重围。北洋海军提督丁汝昌率领全体官兵，坚守孤岛近半月，战至弹尽援绝，宁死不降。2 月 17 日，刘公岛陷落，北洋海军全军覆没。

挺过黄海之战而不沉的"定远"舰为免资敌，自爆搁浅。

陈兆锵

1862—1952

字铿臣，福州闽县（今福州市）人。1876 年，年仅 14 岁的陈兆锵考入福州船政学堂。1884 年，被选派到"定远"舰，历任机管、管轮等职。1892 年，升为北洋海军右翼中营守备，任"定远"舰二管轮。1894 年升为右翼中营游击，同时担任"定远"舰大管轮。1894 年黄海海战中，"定远"舰在管带刘步蟾的指挥下英勇奋战，重创数艘日舰。陈兆锵临阵亦沉着冷静，指挥有方。甲午战争后清政府意图重建海军。1896 年，陈兆锵被派赴英国，研究学习舰船制造新技术。

1899 年学成回国，担任"海天号"巡洋舰轮机长。民国时期，陈兆锵曾两次担任江南造船所所长，主持创办了中国第一家飞机制造厂——福州船政局飞机工程处，并制造出中国第一批水上飞机。他还主持创办我国第一所飞机潜艇高等学校——海军飞潜学校并任校长，培养出中国第一批航空工业人才。1915 年，出任船政局局长。陈兆锵振兴海军，创办学术团体，开拓中国航空事业，成就斐然。1952 年陈兆锵病逝于福州，享年 90 岁。

陈兆锵用指南针

1886—1952年
中国甲午战争博物院藏

    铜质壳体，表层镀金，水晶玻璃镜面。
该指南针系陈兆锵在英国期间购买，随身使用
物品。

陈兆锵用镀金怀表

1886—1952年
中国甲午战争博物院藏

怀表铜镀金表壳，水晶玻璃表面，怀表盖有压纹图案，表盘内标：WALTHAM（沃尔瑟姆，怀表品牌），表盘底色为紫红色，表盘12个数字为金色，时间定格在10：42，内有指向盘MS，表盖底内侧标有：PATENTED C.W.CCO TRADED MARK 842977，背面内侧标有：WARRANTED CRESCENT 25.YEARS 842977，机芯：ROYOL.7733488 SAFETY BARREL，表链为后配。

该怀表系陈兆锵在英国期间购买，随身使用。其子陈大磬1927年去上海读书，陈兆锵将此怀表和指南针相送。1945年陈大磬赴台湾工作，将此视为最珍贵的纪念物。1999年11月，陈大磬将此怀表捐赠。

"定远"舰是由清政府向德国伏尔铿造船厂订造的一等铁甲舰，造价约 140 万两白银，1881 年开工，1885 年 5 月驶回中国服役，对北洋海军的筹建具有里程碑意义，堪称"亚洲第一巨舰"。

停泊在伏尔铿造船厂码头的"定远"舰

"定远"舰炮手王仁瑞所用之刀

1894年
青岛市博物馆藏

此刀铁质，略呈弯形，配有刀鞘，刀身轻盈修长，适于水兵腰间佩戴。因当时舰船船舱狭窄，不利于长兵器发挥，而此类刀具可以代替许多工具使用，如水手可以用来砍断缆绳，而不必寻找斧头和匕首。中华人民共和国成立后，在文物部门动员下威海王家庄将此刀捐献给国家。据捐赠资料记载，此刀为北洋海军提督丁汝昌内弟的妻兄、曾在"定远"舰上担任炮手的王仁瑞随身所配。

林泰曾

1851—1894

字凯仕，福建闽县（今属福州市）人，林则徐侄孙。晚清北洋海军将领。福州船政学堂驾驶班第一届毕业生。1871年登舰实习。1873年充任"安澜"舰枪械教习，同年调任"建威"号大副，都司衔守备。1877年赴英国留学，熟练驾驶、枪炮战阵诸法。留学生副监督斯恭塞格评价其"不但能管驾大小兵船，更能测绘海图"。1879年回国，1881年随丁汝昌赴英接带"超勇"舰、"扬威"舰。因功授"果勇巴图鲁"勇号，升参将、副将。1884年马江海战爆发，林泰曾率"超勇""扬威"两舰南下援救台湾，途中因朝鲜"甲申事变"北返。1888年北洋海军成立，清廷授林泰曾左翼总兵兼"镇远"舰管带，次年加提督衔。1894年中日甲午黄海海战中，"镇远"舰在林泰曾指挥下，与"定远"舰密切配合，数次重创敌舰，最终此战以日本舰队首先撤离战场而告终。战后论功，林泰曾被赏"换霍伽助巴图鲁"勇号。同年11月，北洋舰队自旅顺撤往威海，"镇远"舰因躲避水雷而触礁擦伤，林泰曾虽采取了紧急补救措施，使舰安然进港，但"镇远"舰已不堪出海作战任务。林泰曾以战局方棘时损伤巨舰，极为忧愤自责，服毒自杀。时年43岁。

林泰曾用航海测绘图工具

1877—1894年
中国甲午战争博物院藏

该航海测绘图工具现有9件，缺失1件及套盒。其中5件上面刻有"L.T.T"，1件上面刻有"E.Smith，11，American Sqr London"。"L.T.T"是林泰曾英文名"LinTaiTsen"的缩写。2003年，由林泰曾第四代孙林锦环捐赠。

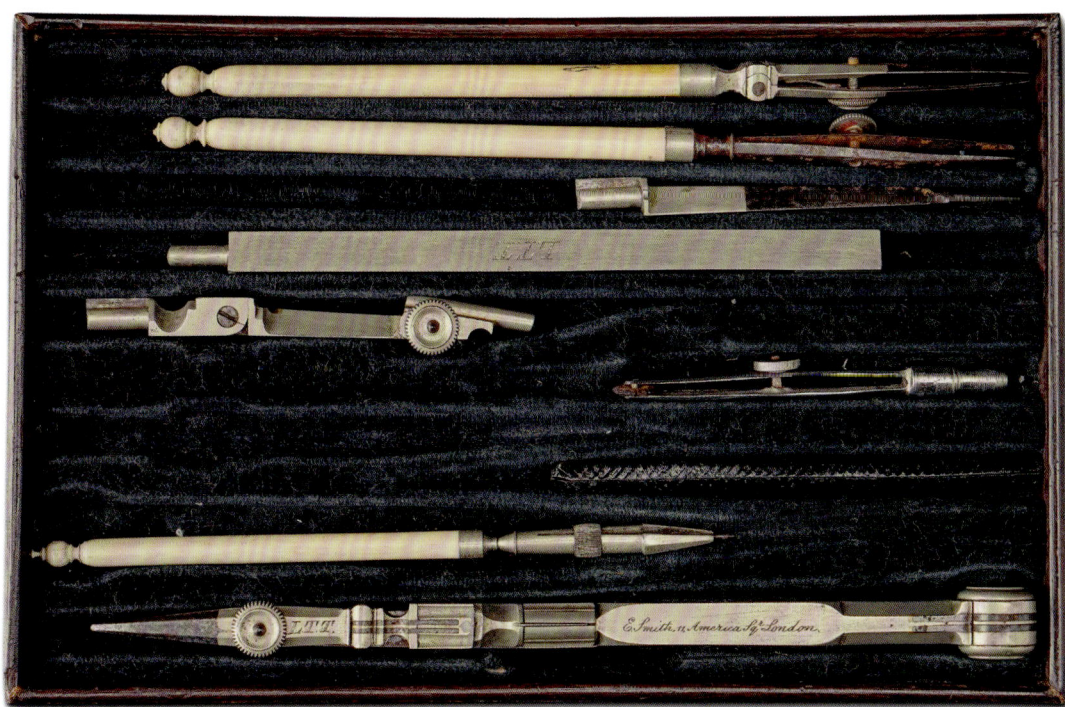

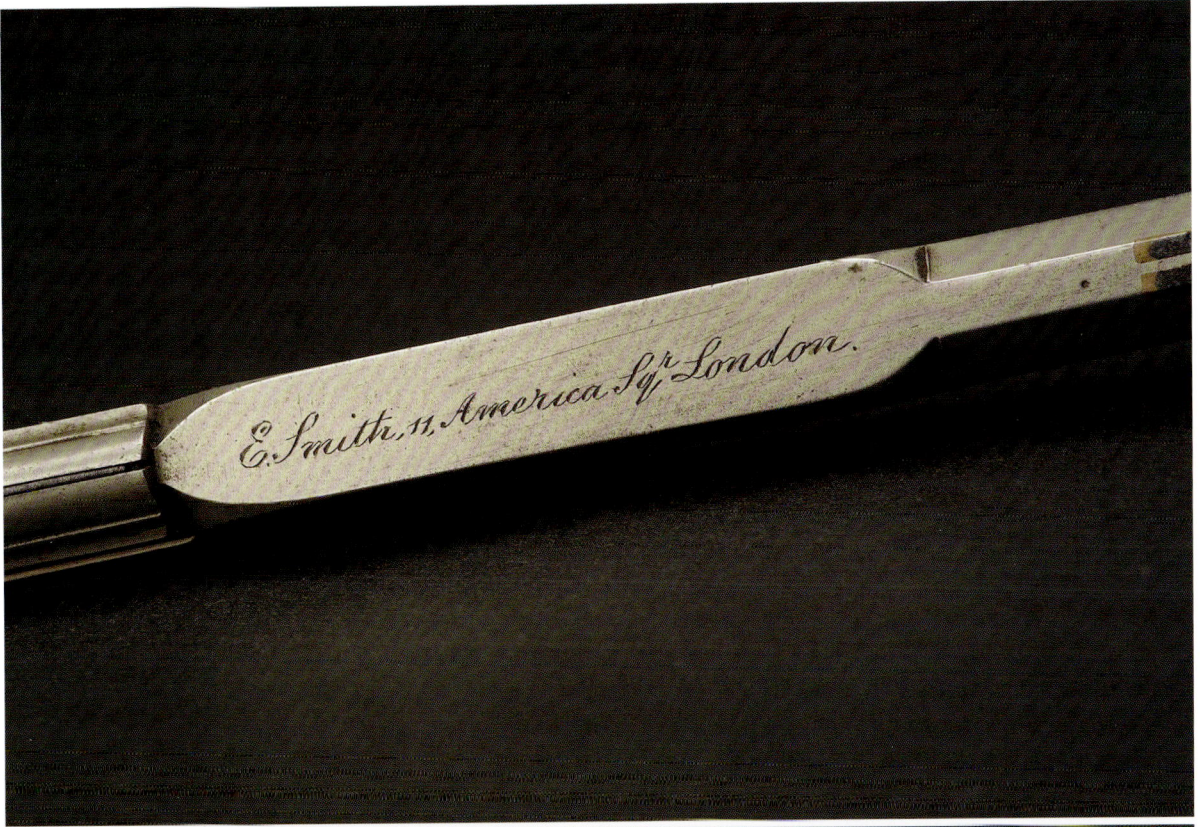

邓世昌

1849—1894

原名永昌，字正卿，广东广州府人，晚清北洋海军将领。1867年，邓世昌考入福建船政学堂后学习舰船驾驶。后历任"海东云""振威"和"飞霆"等舰船管带。1879年，调北洋水师任职。1888年，北洋海军成军后，任中军中营副将、"致远"舰管带，以治军严格、忠勇刚正闻名。1894年9月，在黄海海战中勇战阵亡，其忠勇传为百年佳话。邓世昌殉国后，光绪帝撰联"此日漫挥天下泪，有公足壮海军威"，并亲赐"壮节公"谥号，追封"太子少保"，入祀京师昭忠祠。山东威海百姓亦感其忠烈，于1899年在成山上为邓世昌塑像建祠。《清史稿·邓世昌传》中赞其"临战以忠义相激励，死状尤烈，与左宝贵并称'双忠'"。

邓世昌使用过的青花碗

清雍正时期
中国甲午战争博物院藏

　　胎质细腻洁白，釉色莹润，青花发色纯正，口微敛，圈足，碗身绘有缠枝番莲纹，底有"大清雍正年制"款识。1995年，由邓世昌第四代侄孙邓敏扬捐赠，系邓世昌生前所用生活用品。

"致远"舰倾斜沉没瞬间（引自《伦敦新闻画报》1894年11月10日刊登的铜版画）

北洋海军"致远"舰军纪严明，管带邓世昌深受士兵爱戴。图为1887年邓世昌到英国接带"致远"舰，"靖远"舰与"致远"舰全体指挥官的合影留念。图中第二排左四双手合抱者即为邓世昌，第二排左三是二副黄乃谟、左五之洋员是北洋海军总查琅威理，其他人为"致远"舰官兵。

张文宣

1850—1895

字德三，安徽合肥人。1871年，张文宣中武进士，以守备荷派往两江听用，不久入吴长庆部为哨官，驻江浦、江阴一带。1880年冬，旅顺设防，李鸿章调张文宣管带亲军副营，修筑黄金山炮台。1887年，清政府决定在威海设防，1888年张文宣率护军正、副两营调防刘公岛，先后修东岛（黄岛）、旗顶山门洞南岛等五座炮台，又于公所后（麻井子北）修地阱炮台一座。因功升至总兵记名简放，赏"技勇巴鲁图"勇号。张文宣治军严明，军民和洽，深得民心。甲午战争威海卫保卫战中，张文宣战至弹尽援绝，宁死不降，于1895年2月12日自杀殉国。

北洋护军统领总兵张文宣
"治军爱民"公政碑

1890年
中国甲午战争博物院藏

　　该碑立于1890年，是刘公岛绅商为北洋护军统领张文宣所立公政碑。碑体灰白花岗岩材质，正面中间刻大字楷书"治军爱民"；右侧小字楷书题款"统领北洋护军正副等营□□□德三次章公政碑"；左侧中字楷书署款"光绪十六年孟夏，刘公岛绅商敬立"。1986年出土于刘公岛。

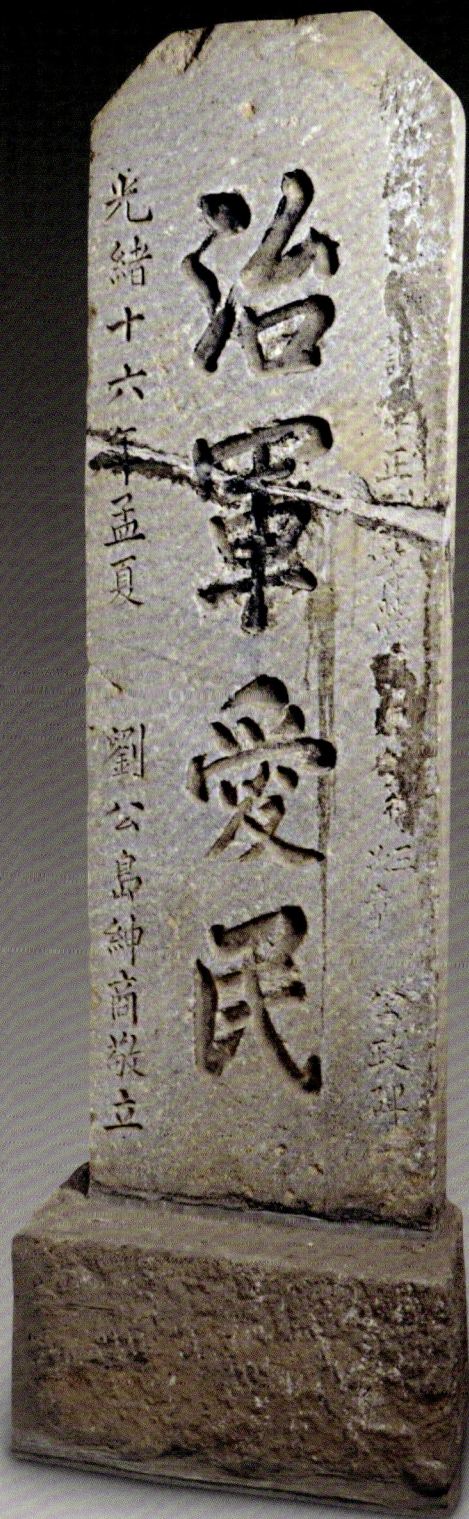

黄乃谟

1862—1894

　　福建闽清人。1889 年毕业于天津水师学堂。次年，赴英国接收"致远"舰。回国后，任"致远"舰副管带，协助邓世昌指挥"致远"舰。1894 年，北洋海军在大东沟海域与日本舰队展开激战。"致远"舰被击中起火，舰身倾斜，舰内炮弹用尽，黄乃谟执行邓世昌的命令，开足马力誓与日舰同归于尽，在接近日舰时遭遇船舱爆炸，同舰上 200 多名官兵，壮烈殉国，与舰同沉。清廷授予黄乃谟游击追加参将衔，拨给恤银 500 两，祭葬银 100 两，一子世袭云骑尉。黄乃谟殉国后，遗骨未归。1900 年，黄乃谟衣冠冢在家乡闽清县六都湖峰（今坂东镇湖头村）落成。

黄乃裳致其弟北洋海军"致远"舰二副黄乃谟祭文手稿

1900年
中国甲午战争博物院藏

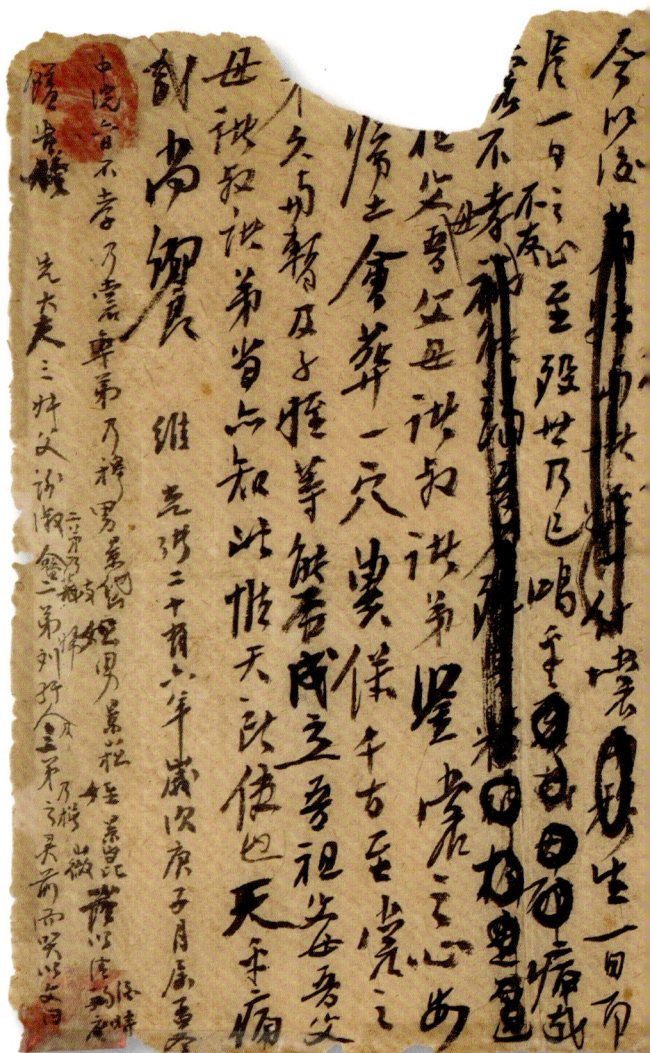

该祭文手稿书写于薄宣上，多处圈划。讲述家族苦难辛酸史，追忆三弟黄乃谟在黄海海战壮烈殉国的英勇事迹。手稿撰写者是北洋海军"致远"舰二副黄乃谟的长兄，南洋著名爱国侨领黄乃裳。1999年，由黄乃谟族人黄培熙捐赠。

"超勇""扬威"两舰于1880年在英国阿姆斯特朗造船厂建造。1881年12月清政府购买接收。图为正在建造中的"超勇"舰。

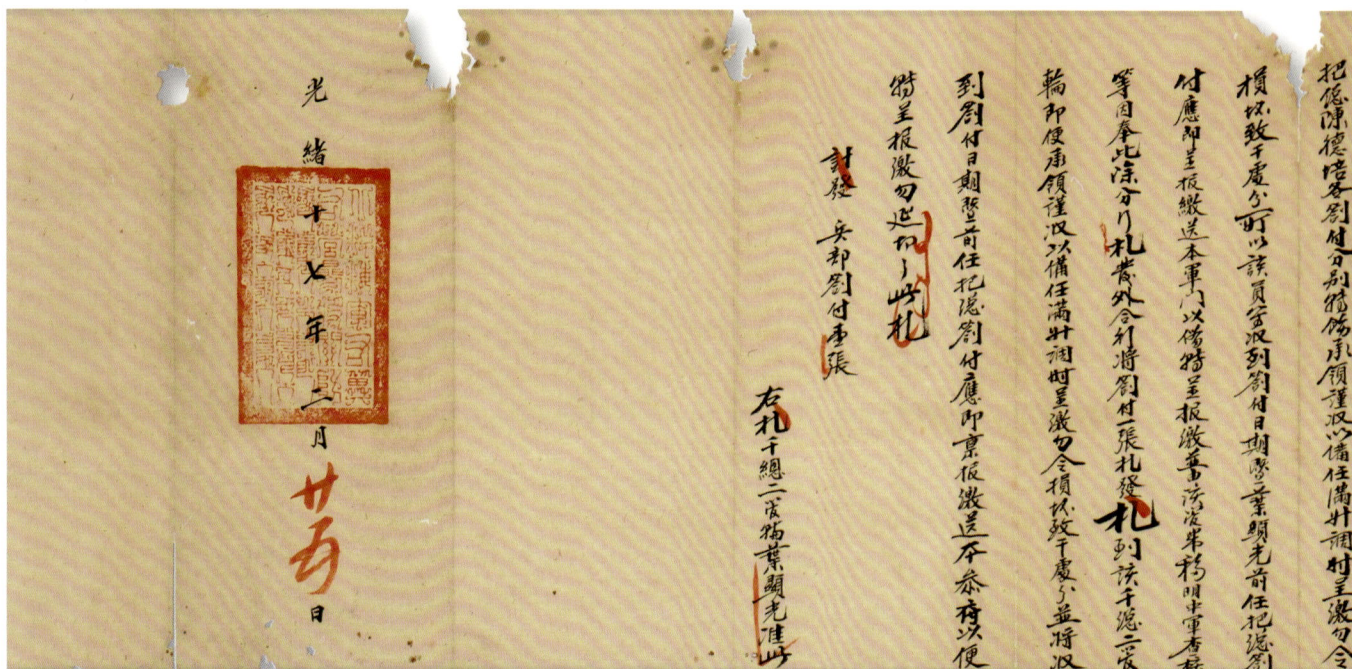

北洋海军千总叶显光
任"扬威"舰二管轮委札

1891年4月3日
中国甲午战争博物院藏

　　该委札是北洋海军军官把总、三管轮叶显光升补千总、充"扬威"舰二管轮的委任状，签发人北洋海军右翼右营参将、"扬威"舰管带林履中，签发日期光绪十七年二月廿五日（1891年4月3日），札末钤盖"北洋海军右翼右营参将关防"鸟篆满汉文关防印。该印鉴与1890年委札印鉴有明显不同，是新颁的关防印。1998年，叶显光第四代孙叶显祥捐赠。

　　"扬威"舰为北洋舰队巡洋舰，1881年清政府向英国订购，管带为林履中。全舰共有火炮18门，首尾主炮口径为10英寸。该舰建成以后，清廷派200多名官兵前往英国接船，开创中国人驾驶中国军舰首次航行大西洋—地中海—苏伊士运河—印度洋—西太平洋航线的记录，扩大了中国的国际影响。黄海海战中，该舰是北洋舰队参战军舰中力量最弱的舰只之一，首先遭到四艘日舰的攻击，全舰官兵顽强抵抗，用炮弹击中日舰"吉野"的后甲板，引起堆积的炮弹火药的连续爆炸，重创敌舰。激战中，由于"扬威"舰航速慢、火力弱，以及舰体内部是木质结构等原因，该舰遭日舰炮击后燃起大火，被迫退出战场，但又不幸遭到逃跑的"济远"舰撞击，舰身渐渐沉于大海，管带林履中愤然蹈海自尽。

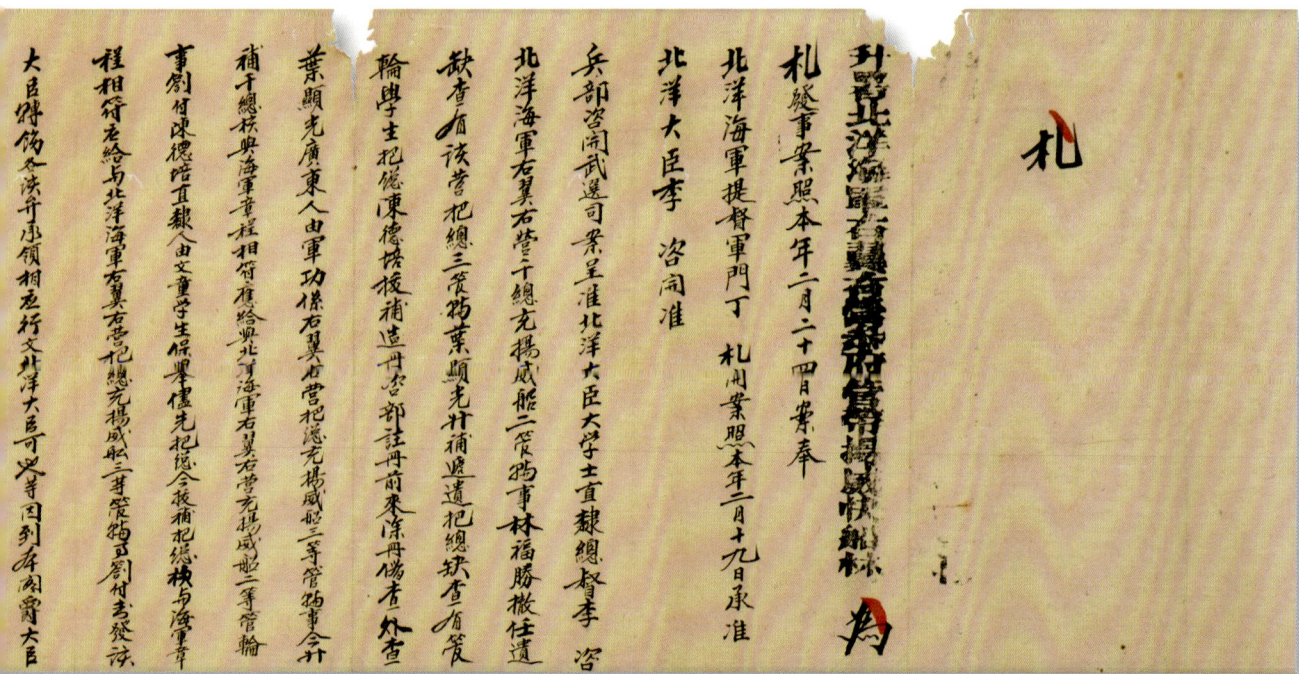

北洋海军千总叶显光
代理"镇中"炮舰大管轮委札

1894年12月28日
中国甲午战争博物院藏

委札为借调北洋海军千总、"扬威"舰二管轮叶显光代理"镇中"炮舰大管轮的委任状。签发人"扬威"舰管带林履中，签发日期光绪二十年十二月初二日（1894年12月28日），札末钤盖"北洋海军右翼右营参将关防"篆书满汉文关防印。1998年，陈兆锵第三代孙陈榕捐赠。

"镇中"炮舰为北洋海军创建之初所购"蚊子船"之一种（此类炮舰为木船外包钢壳，因船身

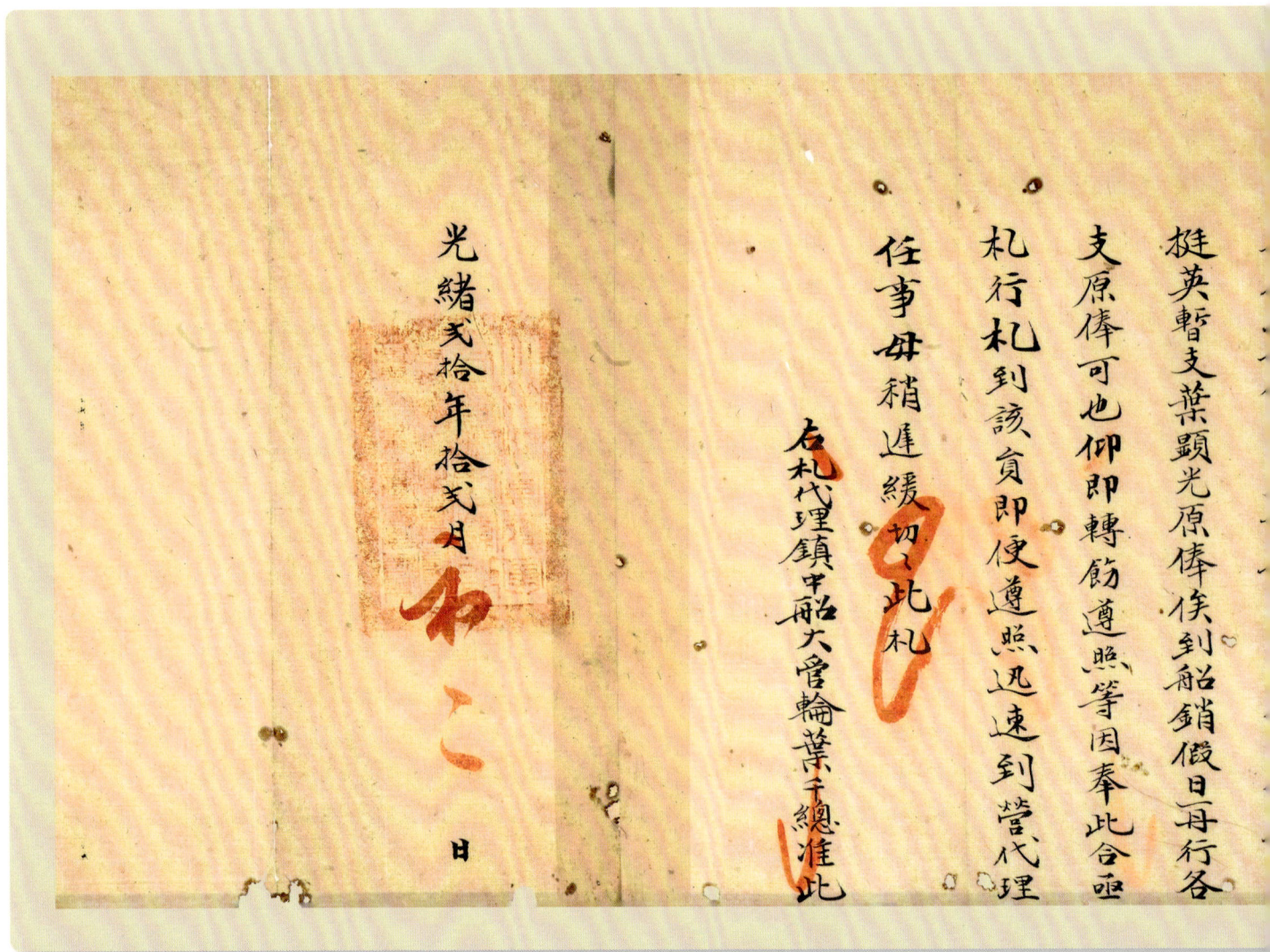

较轻故名）。1881年，两艘"镇中"级炮舰加入北洋海防调遣，使北洋的"蚊子船"达到了六艘之多。在接下来的数年中，这六艘"蚊子船"频繁巡弋于大沽口、旅顺口、大连湾、威海卫、烟台等北洋口岸。当时旅顺、大连、威海等地的防御设施尚未开始营建，"蚊子船"等军舰的驻扎可视为近代化海防之始。后来随着北洋购置的铁甲主力舰的陆续到来，"蚊子船"在北洋海防中不再担任举足轻

重的角色，加上节省经费的考虑，北洋并始将"蚊子船"分批收入大沽的泥坞保存。

1894年甲午黄海海战，北洋海军损失数舰。不久，旅顺基地失守，威海卫基地防御形势吃紧。北洋海军解封平时封存的"镇"字号炮舰，从各舰抽调官兵上舰，参加战备值班，叶显光即被从"扬威"舰借调代理"镇中"炮舰大管轮。

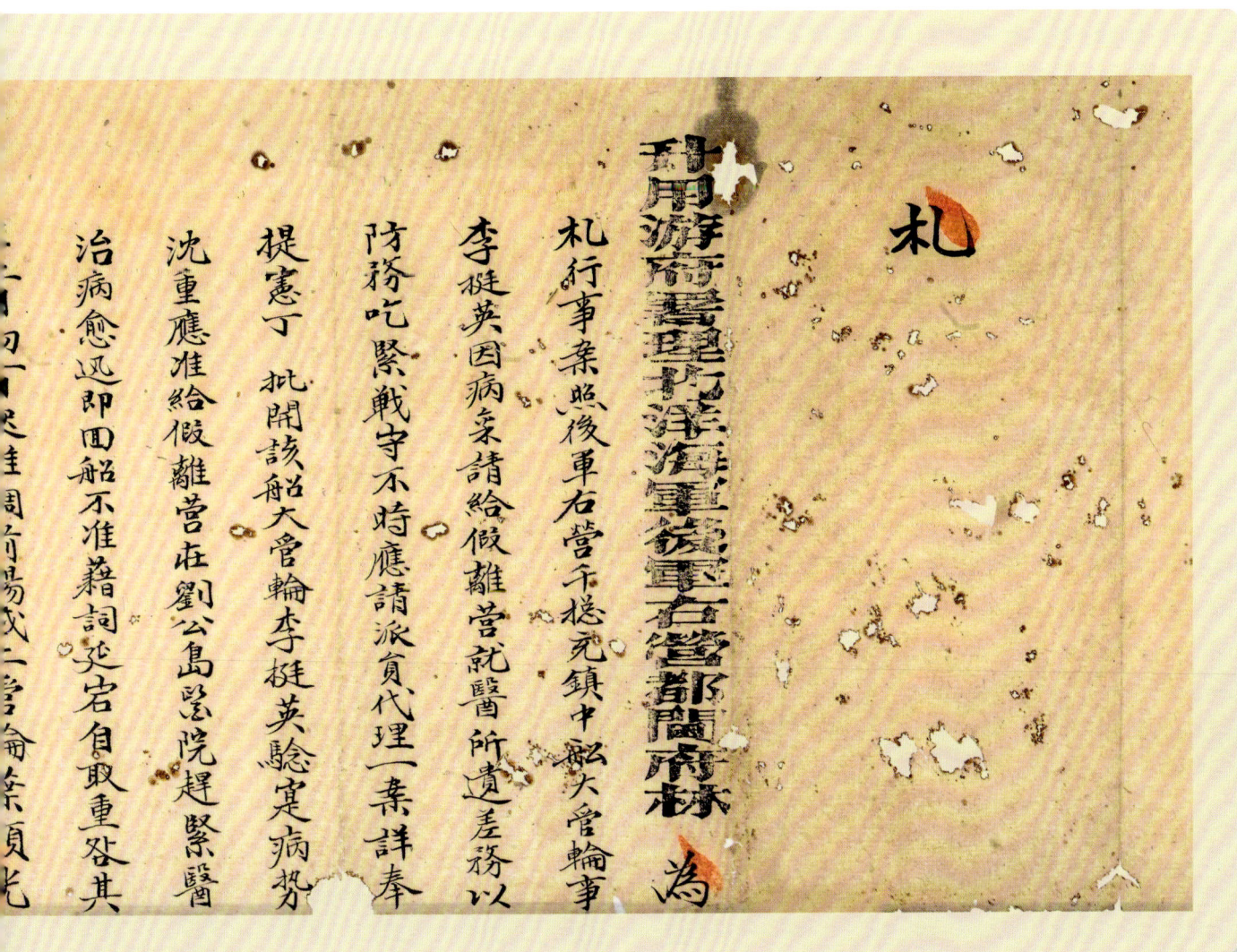

"济远"舰

"济远"舰航行刻度盘

1883—1895年
中国甲午战争博物院藏

1988 年，江苏海洋工程公司于旅顺羊头洼海域打捞出水。该式样的航行刻度盘通常安装在舰船驾驶舱、司令塔与轮机舱内，通过机械同步传动装置，操控该"济远"舰航行刻度盘。刻度盘铜质圆片状，以圆心为中心，将盘面等分为三个扇形区域，分别鎏刻"直壹""直贰""直参（叁）"字样，圆心处有一根可转动的铜指针，连接机械传动装置，实时标示轮机运行状态。

"济远"舰是清政府在 1883 年向德国订购的一艘巡洋舰，由德国伏尔铿船厂所建，造价为 62 万两白银。"济远"舰属穹甲巡洋舰，排水量 2355 吨，航速达 15 节，同级战舰只有一艘，管带为方伯谦。在 1894 年爆发的甲午战争中，"济远"是北洋舰队中唯一参加丰岛海战、黄海海战两场战事的战舰。在日本不宣而战的丰岛海战中，"济远"舰以一敌

三，舰上大副等中弹身亡。在黄海海战中"济远"舰在战事中首先脱离，返回旅顺，事后军机处以管带方伯谦临阵退缩，将其阵前正法，斩首于旅顺。"济远"舰在北洋海军战败后被日军接收，编入日军。后于 1904 年日俄战争时在旅顺海域触雷沉没。

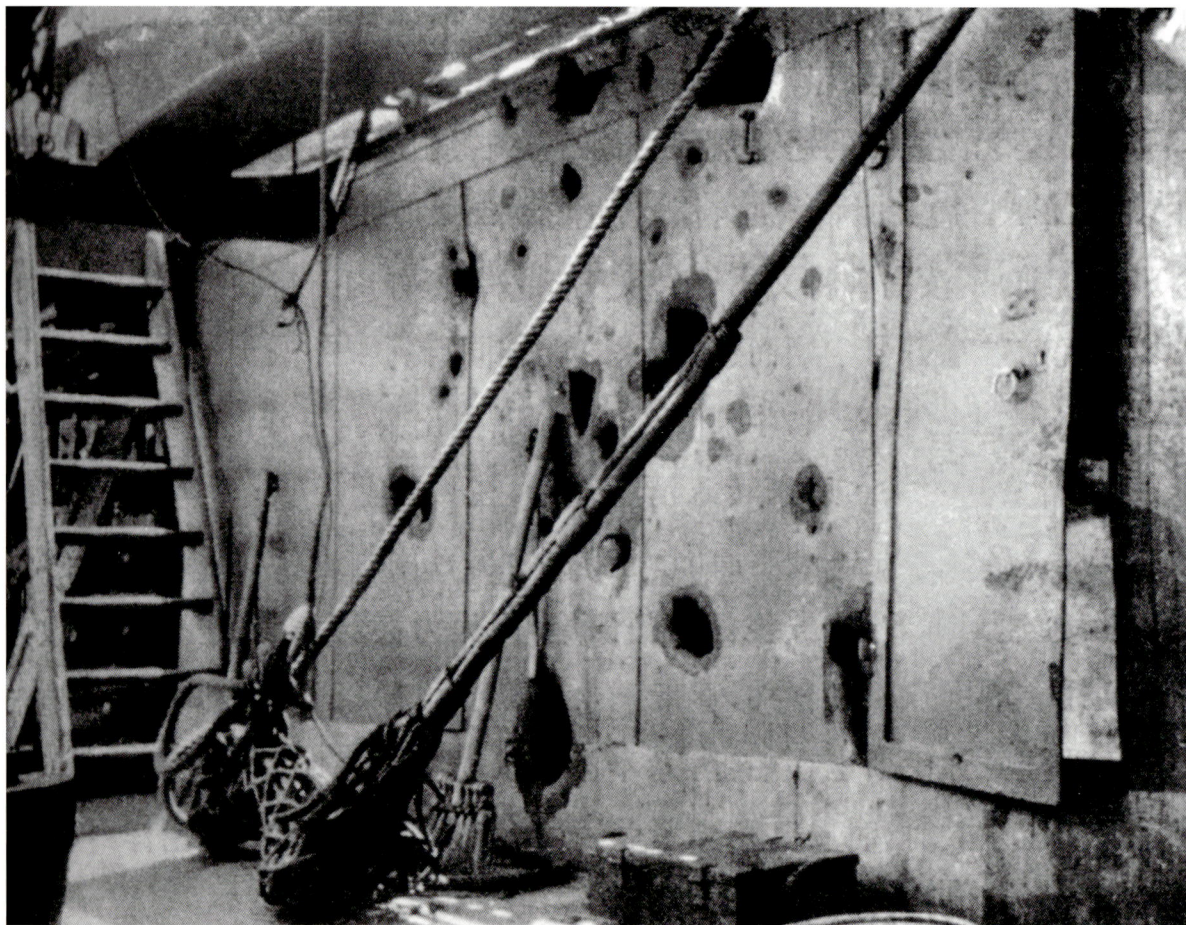

在丰岛海战中，"济远""广乙"两舰将士在敌我力量极为悬殊的情况下，临危不惧，拼死搏战，给敌舰以相当的打击。图为丰岛海战后弹痕累累的"济远"舰。

"济远"舰罗经底座（残件）

1883—1895年
中国甲午战争博物院藏

  1988年，江苏海洋工程公司于旅顺羊头洼海域打捞出水。该件是"济远"舰装甲司令塔内的罗经底座（残件），总体为方形，边角上可见用于固定连接到木甲板上的铜质螺栓。罗经是舰船上重要的航海仪器，主要用于观察、测定舰船的航向。"济远"舰历史上装备有两座罗经，均为标准磁罗经，分别安装在装甲司令塔内和尾部飞桥甲板上，罗经头部为铜壳，罗经架和底座为木壳。

"济远"舰舷窗

1883—1895年
中国甲午战争博物院藏

　　该舷窗为"济远"舰防爆舷窗，外圈和风暴盖为铜质，有8个固定螺丝、2个大合页、2个环形螺栓，配有风暴盖，盖上有1个铜环。防爆舷窗主要安装在舰船起居舱室的舷侧，除用于舱室内的采光外，还可将窗户打开，便于舱室通风。为确保舷窗的水密性，舷窗上带有风暴盖，在遭遇恶劣天气海况时，可将风暴盖关闭，增强舷窗的水密性能。1988年7月12日打捞出水。

"济远"舰双联装 210 毫米口径克虏伯前主炮

1883—1895年
中国甲午战争博物院藏

长740厘米，炮管内口径21厘米。"济远"舰的主要武备包括：210毫米口径克虏伯炮2门、150毫米口径克虏伯炮1门、鱼雷发射管4具。该组1880年式210毫米口径35倍径后膛舰炮，是"济远"舰的前主炮，1884年德国克虏伯制造出厂，炮身编号分别是14号、15号，两门火炮安装在同一座炮架底盘上，属于双联舰炮。该型火炮每门炮重13.5吨，炮管长7330毫米，膛线长6720毫米，可使用穿甲弹、开花弹、子母弹等弹头，炮弹配套的发射药包每个重45千克，火炮的初速为530米／秒，有效射程8300米。

"济远"舰 47 毫米口径
哈乞开斯 3 磅速射炮

1883—1895年
中国甲午战争博物院藏

　　通长216厘米，炮管内口径4.7厘米。该47毫米口径哈乞开斯速射炮，系北洋海军"济远"舰配炮，英国阿姆斯特朗·米彻尔有限公司制造。该单管重型速射炮重235.5千克，射程4.5千米，每分钟射速可达30发，可以选用开花弹、穿甲弹、子母弹等弹种，在近距离交火时，对敌方舰船和人员有较大的杀伤力，在19世纪80年代后期是各国海军舰船的重要武备。

　　该火炮炮管两侧的液压复进筒上有铜质英文铭牌，左侧铭牌为使用注意事项，内容为：RECOIL MOUNTING 3PR HOTCHKISS GUN PLACE GUN AT EXTREME DEPRESSION, REMOVE AIR PLUGS & ALL BOTH CYLINDERS. QUANTITY OF LIQUID ABOUT 1 QUART OF OIL.（安装反冲装置的3磅哈乞开斯炮，炮座处于最低压力状态下，可打开两个圆筒的塞子，内装约1夸脱液压油）。

1895年2月，北洋海军在刘公岛与日本联合舰队发生数次激战。图中威海湾内的北洋舰队，右一为"济远"舰，左一为"平远"舰，远处为刘公岛。

北洋海军军舰用海军锚

1880—1895年
中国甲午战争博物院藏

通高161厘米，锚齿距120厘米。该铁锚属于历史悠久的著名西洋锚型——海军锚，17世纪风帆时代就已普遍使用，主要作为大型舰船的主锚。19世纪蒸汽舰船时代，常作为备用锚和辅助锚。这种锚的锚杆与锚爪为一体结构，在锚杆上方有一根可折叠收放的锚杆，抛锚后依靠锚杆支撑海底，调整锚的着底姿态，以便于锚爪抓牢海底。

北洋鱼雷营是北洋海军体系中比较独立的鱼雷艇部队，有着自己的一套组织机构，连水兵的等级名称也有异于北洋海军。清军水雷营驻于龙庙嘴炮台西坡，有学员二三百人。水雷营设备比较齐全，修有地下电池两座，同威海卫南路电雷、水雷相联接。由于当时的鱼雷有效射程短，发起攻击时必须与目标接近，随之而来的是鱼雷艇将会遭遇敌方炮火近距离上的高命中率打击，因此北洋海军选募鱼雷艇官兵时必须要是"敢死之士"。

甲午战争爆发后，丁汝昌提出在威海南北两口"布置水雷及制挡雷练木桩渔网等件"。其办法是将长丈余、直径一尺半左右的木材排列海口，以大铁索相连接，每隔一定间距用锚固定于海底，以防风浪或潮水之冲击。木栏附近，遍设沉雷浮雷、电雷等各种水雷，形成所谓"水雷拦坝"。威海南口由刘公岛东端之东泓至日岛设木栏两层，布水雷5层，由日岛至龙庙嘴下设木栏一层，亦布水雷5层。北口由刘公岛西端之黄岛至北山嘴下设木栏两层，布水雷7层。两口共布水雷248颗。于是威海湾南口全被堵塞，只在北口木栏中间设活动口门，用时启开，平时关闭。1895年威海卫战役开始后，因水雷营学员逃散，水雷营很快陷于敌手，威海卫以南布设的电雷全部失去作用。1895年2月17日，日军占领刘公岛后，拆除了湾口的水雷等防材。

北洋鱼雷营的士兵合影

甲午战争威海卫基地
防御水雷头部引信外壳

1894—1895年
中国甲午战争博物院藏

　　直径40厘米，高31厘米。该水雷头部引信外壳为威海湾南岸水雷营所废弃（或从港湾南口拆卸下来的水雷残件）。1999年，由日本丰田龙成的外孙植栗邦辅捐赠（丰田龙成，日军第六师团第二十三联队第一大队少尉军官，参加了威海卫战役）。

　　自 19 世纪 70 年代开始，清廷先后向英、德等国订购铁甲舰、巡洋舰、炮舰等各式舰艇 40 余艘，建设供大型舰船驻泊、修理、补给的军事基地势在必行。清廷最终选定旅顺和威海卫作为北洋海军基地。旅顺基地成为北洋海军维修保障的重要场所，威海卫基地较旅顺基地而言更先进，且其建设更侧重于炮台防卫。

　　威海卫基地自 1887 年开始兴建，1887—1890 年，威海卫基地修建北帮、南帮、刘公岛、日岛炮台等 13 座炮台。至 1891 年，为保障基地后方陆路安全，又陆续修建 4 座陆路炮台。这些炮台所配火炮大多为德国克虏伯后膛钢炮或英国阿姆斯特朗后膛地阱钢炮，大大提升了基地的防御能力。除炮台之外，基地内督署、兵舍、炮台及机器局、屯煤所等各类军事设施和威海水师养病所等后勤设施也相继建成，构成一座集防御、驻泊、补给等功能于一身的海军基地。

　　旅顺基地和威海卫基地的建设极大突破了中国传统海防建设框架。虽然二者在地形、设计等方面也存在一定局限，但仍不失为具有比较完整防御体系的近代化海军基地。两大基地建成后，随即与北洋舰队共同构成拱卫京畿的防线，成为甲午战争中抵御日本海陆攻势的基本力量。

位于威海卫刘公岛的北洋海军铁码头，始建于1889年，1891年竣工。铁码头墩桩用厚铁板钉成方柱，中间注入水泥，深入海底。码头长205米，宽6.9米，水深7米。码头上铺设轨道通往煤库、船坞等处。

　　日岛炮台位于威海湾南口中央，居于刘公岛和威海卫港湾入口中间，扼守港湾南口要冲，战略位置极其重要。该炮台于1890年建成，配备200毫米口径仿阿姆斯特朗式地阱炮2门、120毫米口径阿姆斯特朗速射炮2门。与刘公岛上的南嘴炮台和东泓炮台、南岸的鹿角嘴炮台和赵北嘴炮台，对港湾南口海上方向构成交叉封锁。甲午战争威海卫保卫战期间，日岛炮台守军奋勇抵御日军进攻，击伤日军旗舰"松岛"，使日舰无法接近刘公岛，因此成为日军炮击的主要目标。1895年2月7日，日军用抢夺的清军炮台和联合舰队所有火力轰击日岛炮台，使其彻底瘫痪。

威海日岛炮台

威海日岛炮台200毫米口径
仿阿姆斯特朗地阱炮炮管

1895年
中国甲午战争博物院藏

残长255厘米，炮管内口径20厘米。1958年出土于威海祭祀台炮台附近。大炮炮管上面，铸有江南制造总局圆形团龙徽记，中心为团龙图案，外周文字"江南制造总局""光绪□□年造"字样。现因锈蚀已模糊不清。该炮管属于日岛炮台200毫米口径仿英国阿姆斯特朗式地阱炮，膛线33条，由江南机器制造总局造。在1895年2月7日威海卫战役的激烈炮战中，该大炮炮管被龙庙嘴炮台日军发射的炮弹炸断，被迫弃用。日军占领刘公岛后，将威海卫各炮台的可用火炮拆卸运回日本，该残炮可能因失去军事价值而被遗弃。

威海日岛炮台 200 毫米口径
仿阿姆斯特朗地阱炮炮架

1890—1895年
中国甲午战争博物院藏

该4片炮架分属于日岛炮台的2门地阱炮，每片长246厘米，椭圆形最宽处68厘米，厚16厘米。1989年，于威海日岛炮台附近海滩出土。地阱炮主要由炮管、上炮架（左右2片）、下炮架及底座构成，上炮架侧面呈长椭圆纺锤形状，连接炮管与下炮架，通过液压驱动上炮架，实现炮管的上下升降动作。

　　1895 年 1 月 30 日，日军向威海湾南帮炮台发起总攻。日军右纵队分左、右翼和预备队，由第六师团长黑木为桢统率于拂晓进攻摩天岭炮台，清军营官周家恩指挥守军奋力抵抗，一直战斗到全军将士为国捐躯，炮台陷落。日军左翼队司令官陆军少将大寺安纯毙命于炮台上。日军攻占南帮陆路炮台后，开始海陆夹攻龙庙嘴、鹿角嘴、皂埠嘴 3 座海岸炮台。龙庙嘴守台巩军统领刘超佩左腿中弹后弃台逃往刘公岛，其余 40 名清军顽强抗击，终因寡不敌众，全部阵亡。

甲午战争中被日军破坏的龙庙嘴炮台大炮

威海龙庙嘴炮台210毫米口径大炮炮轮

1890—1895年
中国甲午战争博物院藏

径90厘米，厚15厘米，轴孔径12厘米。该炮轮是龙庙嘴炮台要塞炮的构件，为圆形，中间有安装轴孔，炮轮外周为弧形内凹轨槽，轨槽边缘被人为破坏崩残。

龙庙嘴炮台为威海湾南岸三座沿海炮台之一，位于威海湾南岸最西端，1890年建成，设210毫米和150毫米口径35倍身长克房伯中砥柱要塞炮各2门。大炮的下炮架前后底部各配有2个钢质承重炮轮，安装于炮台圆形轨道上，通过驱动炮架下方的齿轮和链条传动装置转动火炮。

日军占领南帮炮台群后，转而利用炮台向北洋舰队射击，北洋官兵发炮还击，图为被"定远"舰击毁的鹿角嘴炮台大炮。

威海鹿角嘴炮台240毫米口径大炮炮轮

1888—1895年
中国甲午战争博物院藏

　　直径94厘米，厚15厘米，轴孔径12厘米。该炮轮是鹿角嘴炮台大炮的构件，为圆形，中间有安装轴孔。

　　鹿角嘴炮台为威海湾南岸三座沿海炮台之一，位于南岸龙庙嘴与皂埠嘴两座炮台之间，建成于1890年，设240毫米口径大炮4门。每门大炮有炮轮4只，沿圆形轨道旋转，调整大炮的射击方向。

　　1895 年 1 月下旬，日本山东作战军在荣成登陆，向威海卫发起进攻。绥巩军和北洋护军奋力抵抗，但因指挥不力和孤立无援，队伍很快溃败，绥巩军统领戴宗骞、护军统领张文宣亦自尽。威海卫失守。

1895年1月20日，日军在龙须岛登陆。

威海南岸炮台巩军
"亲军左哨"铭文石夯

1887—1895年
中国甲午战争博物院藏

　　直径37.5厘米，厚12厘米。该石夯呈磨盘状，系用威海当地花岗岩青石雕凿而成。石夯上平面中间内凹，阴刻太极双鱼图案，双鱼图外围、上下右左阴刻楷体"亲军左哨"字样；夯体侧周均匀凿挖8个鼻形钮孔，用于穿系绳索，由4至8人提拉夯筑作业。综合石夯用途、"亲军左哨"铭文、出土于威海湾南岸分析，考证该石夯属巩军中营亲军左哨修筑炮台使用的工具。

　　1895 年 2 月，威海卫城失守后，为免资敌，海军提督丁汝昌派敢死队将北帮炮台炸毁。北帮炮台包括北山嘴、黄泥沟、祭祀台三炮台，位于威海港湾北帮的丘陵上，与刘公岛炮台遥相响应，其中祭祀台炮台位于威海湾最北岸最西端，建成于 1890 年，设 1880 年式 210 毫米口径和 150 毫米口径 35 倍身长克虏伯炮各 2 门。整体武力配备强大，由绥巩军统 6 个营驻守。

1893 年为装备旅顺、威海卫海军基地，在德国订造了 28 厘米口径克虏伯巨炮。图为巨炮正在德国埃森港装船运往中国。

威海祭祀台炮台150毫米口径克虏伯要塞炮炮弹

1894—1895年
中国甲午战争博物院藏

长60厘米，直径15厘米。1987年出土于威海湾北岸祭祀台炮台。该炮弹是威海北岸祭祀台炮台150毫米口径克虏伯要塞炮的炮弹，属于1880年式穿甲弹，俗称实心弹。炮弹材质为熟铁，空弹重50.24千克，可填装0.76千克炸药或砂土等填充物。该炮弹出土时尾部的堵塞螺栓和弹带缺失，弹腔内无填充物。

失守的威海卫黄泥沟炮台

威海北山嘴炮台240毫米口径克虏伯要塞炮炮弹

1894—1895年
中国甲午战争博物院藏

长82厘米，口径24厘米。1993年出土于威海湾北岸北山嘴炮台遗址。该炮弹是威海北岸北山嘴炮台240毫米口径要塞炮的炮弹，1993年11月在该炮台第一层炮位遗址出土，共出土6枚，出土时炮弹上均没有弹尾螺栓和弹带，弹腔内无填充物。该炮弹属于德国克虏伯1880年式穿甲弹，空弹重211.8千克，可填充3.1千克炸药或砂土等填充物。

威海柏顶炮台150毫米口径
克虏伯要塞炮炮弹

1879—1895年
中国甲午战争博物院藏

　　长64厘米，直径15厘米。1995年出土于威海湾北岸柏顶炮台遗址。该炮弹是威海湾北岸柏顶炮台150毫米口径要塞炮的炮弹，属德国克虏伯1880年式开花弹，即榴弹。该型炮弹的材质为熟铁，空弹重49千克，内部可装入2千克炸药，依靠弹头的触发引信起爆。该炮弹头部引信缺失，可以看到安装引信的螺纹缺口，炮弹尾部弹带上有发射后的清晰膛线痕迹，是发射后未能爆炸的炮弹。

　　柏顶炮台，位于威海湾北侧的合庆湾陈家疃村北山坡上，是威海湾北岸海防炮台的后路陆防炮台，1893年建成，设150毫米口径克虏伯炮、120毫米口径速射炮各2门，由绥巩军统领戴宗骞所部绥军驻守。戴宗骞治军无方，至甲午战时，兵士纷纷逃散。其部共六营，1895年1月30日已逃两营，到南帮作战败退至长峰寨时又解散两营。北岸实际守军仅剩两个营，且多为新兵。2月1日，丁汝昌亲往北帮研究"战守之策"。戴宗骞当面答应"派人四处招集溃军"，但后并未行动。甲午战争威海卫战役中柏顶炮台未发挥作用，日军占领后派工兵将其炸毁。

清末海陆军将领书札轴

1888—1896年
中国甲午战争博物院藏

内有中日海陆军将领等人信函9件。

卷轴下部7份中文函件，收发人均为北洋海防高级将领及其关系密切者。其中：丁汝昌致刘含芳公函2件，龚照瑗致刘含芳公函（1885年）1件，左宝贵贺喜函（1885年）1件，林泰曾致吴敬荣中秋贺帖（1889年）1件，刘步蟾致吴敬荣中秋贺帖（1889年）1件，张文宣中秋贺帖（1889年）1件。中文函件应系甲午战争中日军从旅顺、刘公岛、"广甲"舰等处搜得。

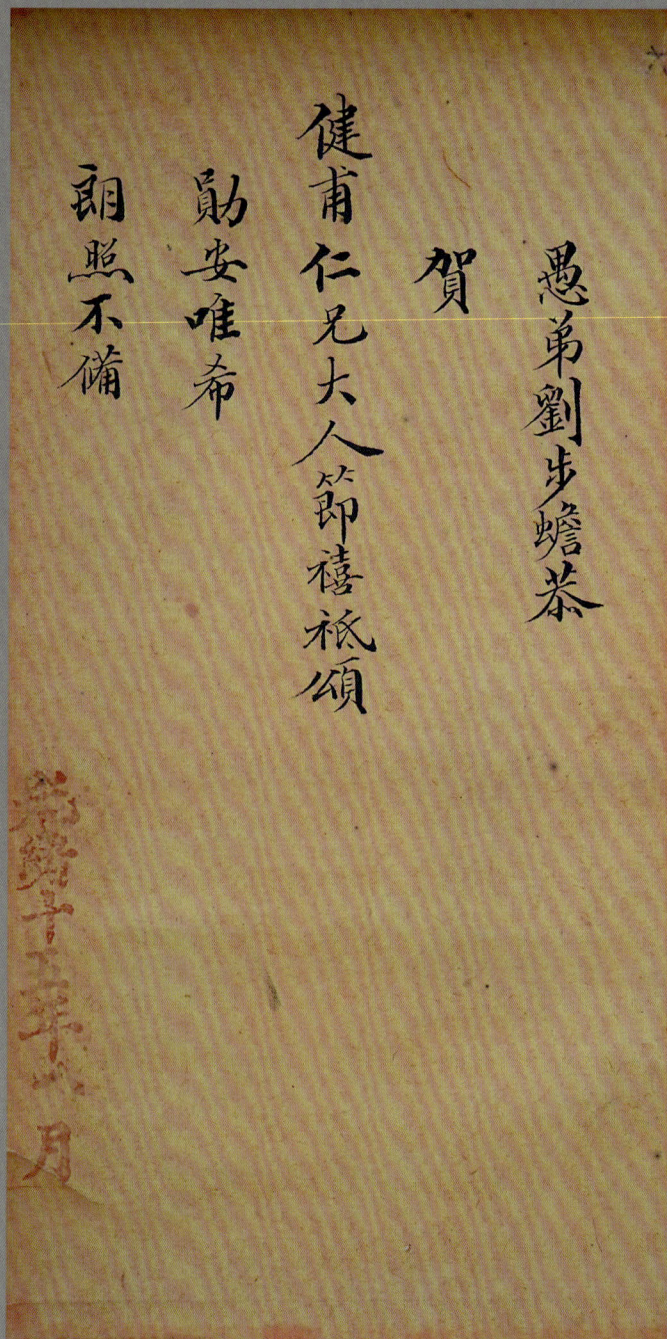

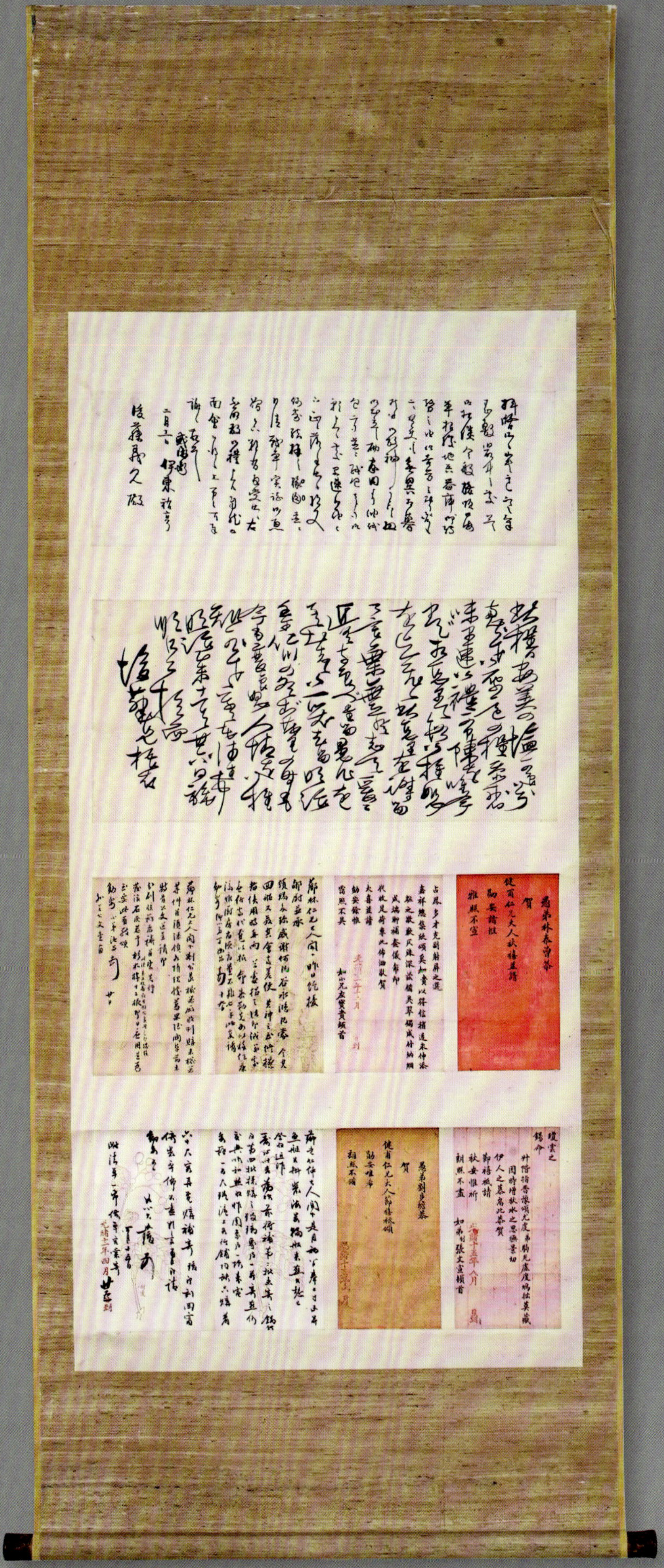

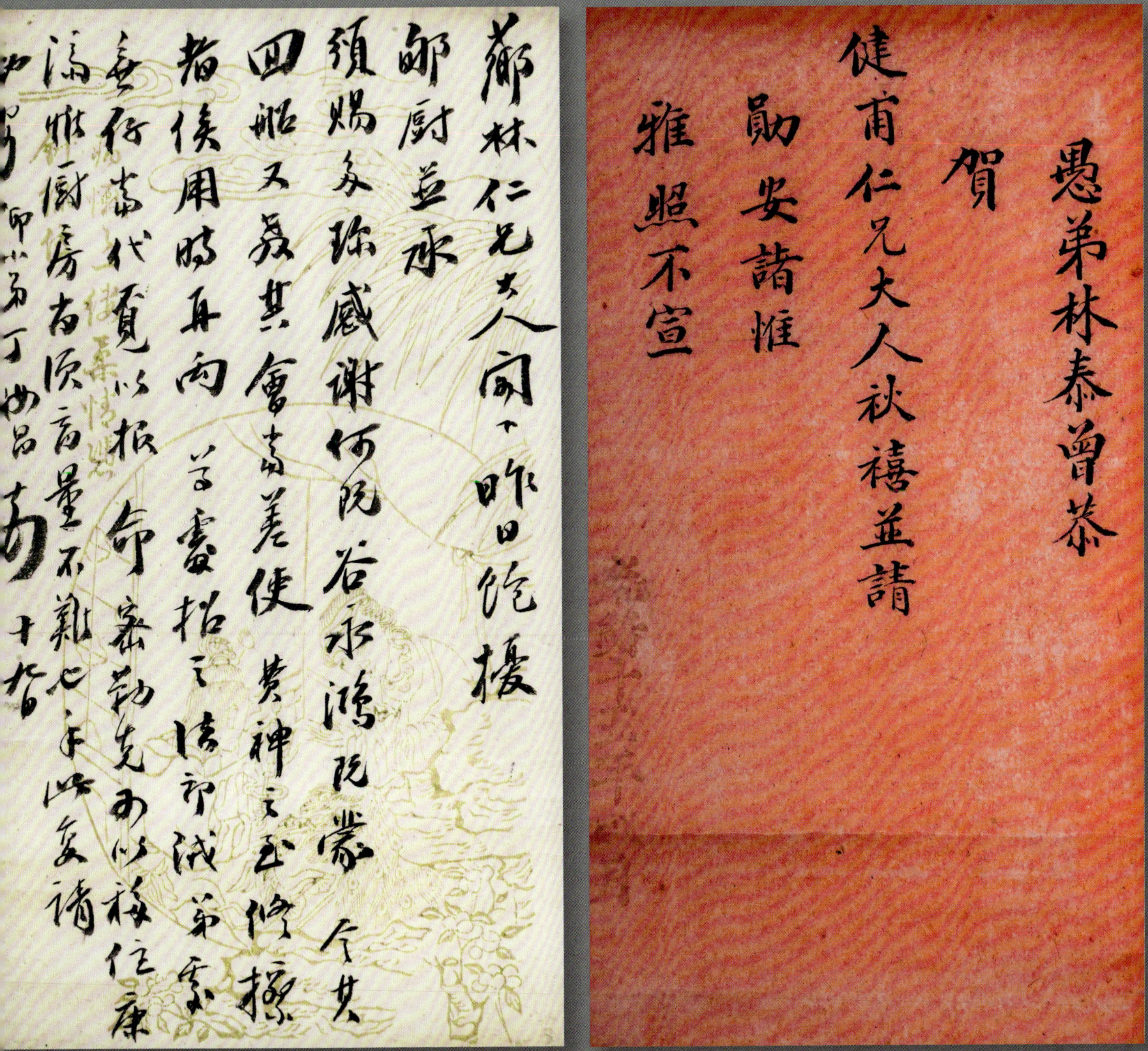

蔚林仁兄大人阁下昨日仍扰
卿厨益承
须赐务珠感谢何阮谷承鸿阮蒙
回船又兹其会高善使贵神之玉修撰
指侯用时再两
无存寄代寻以根 命审劝克初以极信康
满州尉房古顷言量不难上陛受诸
如弟丁地品为
十哲

愚弟林泰曾恭
　賀
健甫仁兄大人秋禧並請
勋安諸惟
雅照不宣

王懿荣

1845—1900

字正儒，山东福山（今烟台市福山区）人。官至国子监祭酒，清代著名的金石文字学家，甲骨文的发现者和爱国志士。

王懿荣著《黄县团练杂记》

1894年
山东博物馆藏

《黄县团练杂记》详细论述了他主动请缨，在1894年如何积极建议清政府派兵解威海之围，要求回山东登州"会同抚臣，办理团练"，后组成一支初具规模的抗日团练。正当他准备率团迎击敌人时，清政府却已同日本签订了丧权辱国的《马关条约》。1900年八国联军入侵北京。王懿荣临危受命，任京师团练大臣，负责保卫京城。7月20日，侵略军攻入东便门，他率团练奋勇抵抗，寡难敌众，投井殉国，时年55岁。

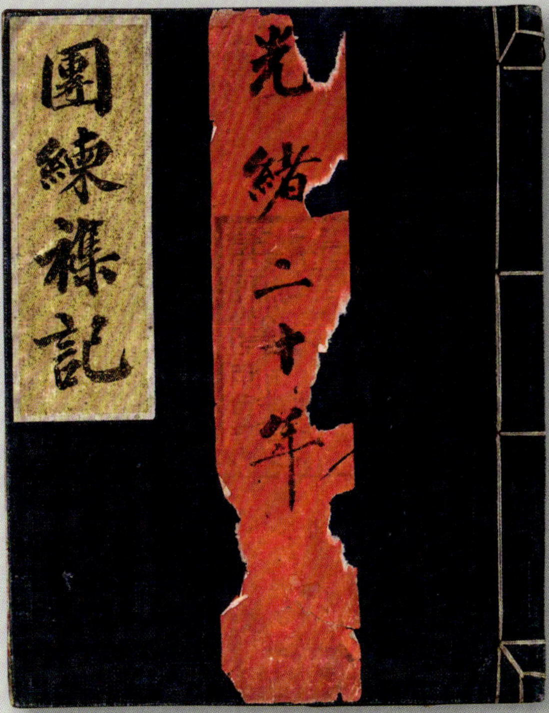
團練禄記
光緒二十年

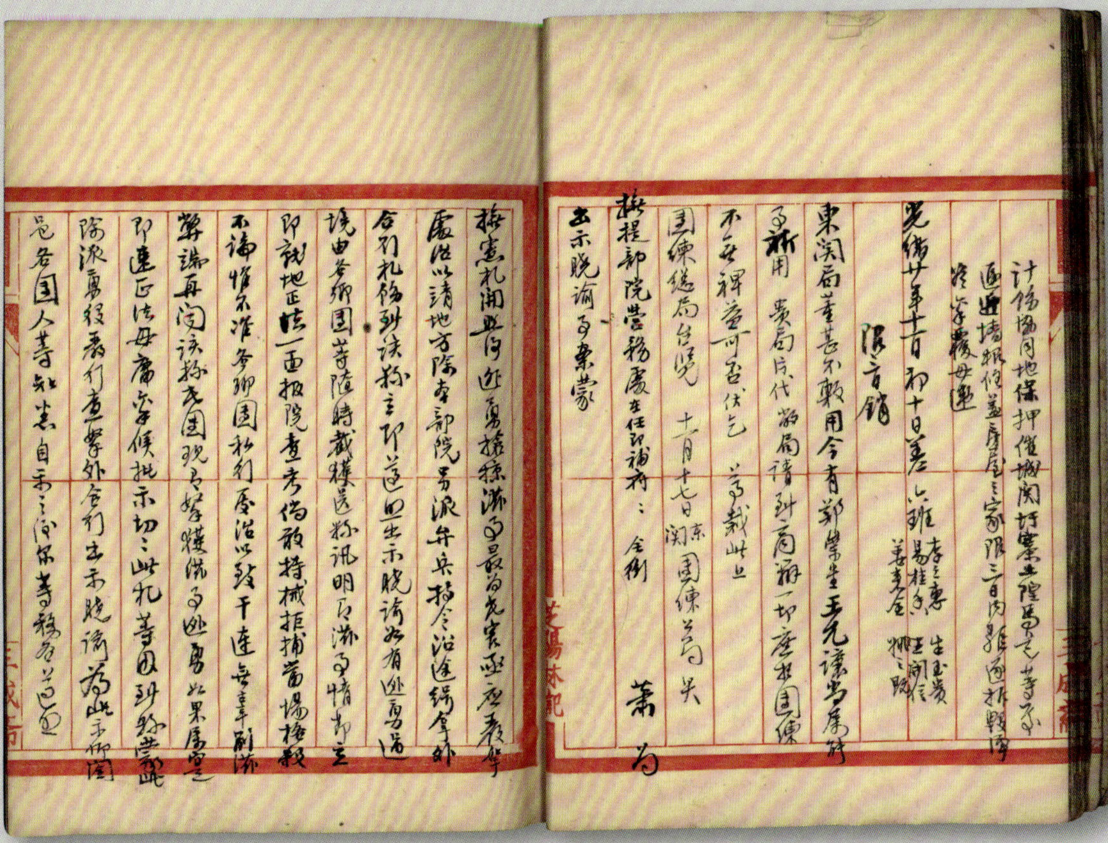

孔广德著《普天忠愤集》

1895年
山东博物馆藏

石印巾箱本12册，记录甲午战争的诗文总集。孔广德，山东曲阜人。卷首朱印光绪皇帝关于甲午战争的上谕六道，并以其中"忠愤"二字题名。上谕中关于"遇有倭人轮船阑入各口，即行迎头痛击"和"当此创巨痛深之日，正我君臣卧薪尝胆之时"等语，体现了所收诗文的主题思想。

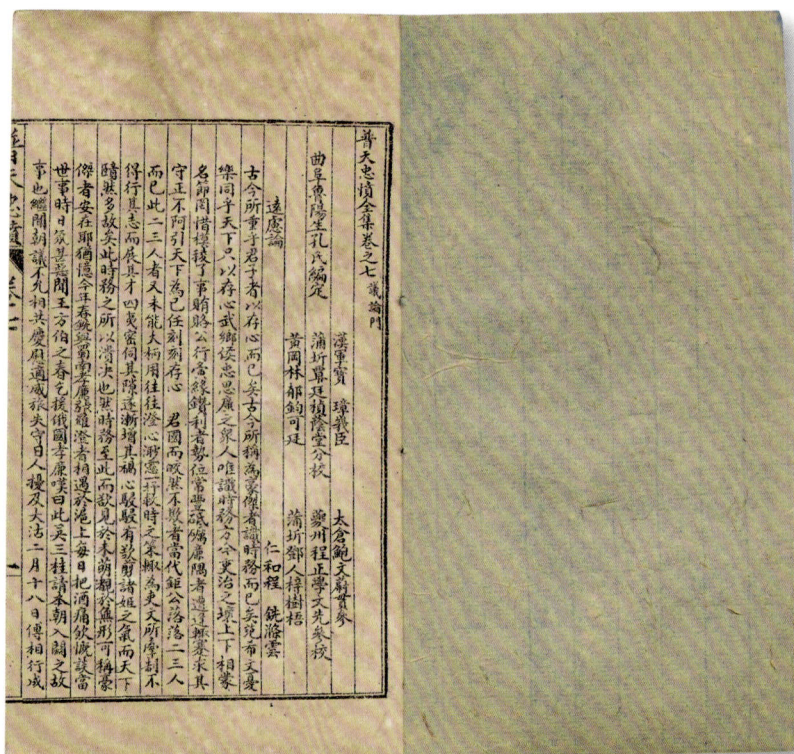

由津出使廣島會議日人索英費二百兆不肯反我遼陽侵地俄人助順通日人相
還轉割台灣加償兵費三千萬李鴻章嘆曰此俄人伺漁之利殆不欲將來假道於
雲也及和議定約士大夫憮然曰德俄恨我國共滅日本孝廉
又浩然歎曰西報謂宋助元滅金而元卒以償宋其殷鑒歟可也銑請其
於我故中日戰事方殷時西報猶稱日本如暝王臨終語彼此相安良久何計之左也地特志之
應與中國為善此固可長久何反與中國啟釁則默不一
亡西人之言門謂司馬昭之心路人皆知者也何也俄鐵路巳城事春一旦遠
語此其利我之心所謂勁動中肯綮矣不然俄人遠陽之割而割台灣加兵費則默不一
陽割昇日人大牙相錯势未能長驅直入笑而我乃受其愚弄書以為甚豈俄果德
我聽從則社稷之福也孝廉語眠仰天長嘆銑作而起日君存心天下深慕時務殆
文正武鄉之流亞歟遂與相視而笑旁觀者亦不知我二人為何語也
尊酒閒談遂為載記源雲殆留心時局諸君子

魯陽生志

諸留心時局諸君子

時事紀聞

張羅驥

倭豎起聞有出使英國副使某君察陳軍務籌餉相求送者奏上不納遷貽書
京友謀召歸供職不報先後陳時發軍務十餘書上翁師傅孫軍機張制府曾張順
威海不守京師危震英使議添兵入京城護其使臣意存恐喝某君慮其乘危剋制
總署電使者沮之於英外部外部力言無他使者信之電總署請計之某君爭於使
者備陳不可狀不聽袖而罷某君遂決辭職顧念大局中夜憤念乃察謀購軍務為
英議紳潔華特倡議商會襄辦水師保護商務以亂其聽歡為福之謀託名澳大利亞商會謀通
水師一旅援用英國副將炎阜智利水師官某候決辭名鐵路公司總辦麥為
電線公司總辦賀易皆在英恐事將巳局外側為英所軟要以隨使東渡給以罷兵
後中國必大舉鐵路電線酬以承修保限厚利事既貽書翁孫兩尚書張焦野廖
仲山兩侍郎唐春卿閣學張南皮制府謀決計與倭戰先是王爵元方伯使俄唱賀受
密旨乞師時合肥使德法亦會師公讌遷東德法亦會師公讌通
者昏乞師期某君辭差未行適王爵南洋請旨未行而和議成報罷南洋電覃襄謀
緩換約日期時某吏謀先襲俄國電南洋請以謀告王使喜嗚留歐勿行為續議地步旋開歐義
以歐告王使恐有變夔王使逐謀之法云
和歟太奇恐有變夔不降倭王使逐謀之法云

第二章

御侮抗捐
国民宜醒

　　甲午战争战败后，帝国主义列强强占"租借地"和划分"势力范围"，掀起了瓜分中国的狂潮。19世纪后期，民族矛盾和阶级矛盾日益尖锐，山东各地民变四起。义和团运动以山东鲁西与直鲁交界地区为基础发展到整个华北地区，在京津反抗八国联军的斗争中达到高潮。曲诗文领导莱阳农民兴起的大规模抗捐抗税斗争，形成了莱阳县地区清末10年间规模最大的一次民变。山东民众的奋起反抗在一定程度上延缓了帝国主义列强分裂中国的图谋，加速了清王朝的灭亡，促进了中国民众的意识觉醒。

　　甲午战败后，中国逐渐沦为半殖民地半封建社会的黑暗深渊。1898年，近代革命宣传者谢缵泰创作绘制了著名的《时局图》。根据《中外旧约章汇编》记载，近代以来，清政府及中华民国政府共签订343份不平等条约。列强将这个文明古国视作瓜分的目标，《时局图》便是这种情形的生动描绘。

沉沉酣睡我中华，那知爱国即爱家！

国民知醒宜今醒，莫待土分裂似瓜。

世间无物抵春愁，合向苍冥一哭休。

四万万人齐下泪，天涯何处是神州！

——谭嗣同

該图以中国地图为背景，图中的"熊"代表俄罗斯，"犬"代表英国，"蛤蟆"代表法国，"鹰"
（即鹞）代表美国，"太阳"代表日本，"香肠"代表德国，分别暗示着当时瓜分中国的帝国列强，
形象又夸张地描绘出清政府任人宰割、国家处于危急存亡关头的现实。

　　德占胶澳。德国觊觎胶州湾优越的港航条件和军事经济价值由来已久。1897 年 11 月 1 日，两名传教的德国神甫在山东巨野被当地受教会欺侮的百姓杀死，由此引发了"巨野教案"。11 月 14 日，德国以"巨野教案"为由占领胶州湾。

1898年胶州城墙边的德国士兵

　　黄海喋血，甲午战败，英国以帮助垫付对日赔款为名，于 1898 年 7 月 1 日逼迫清政府在《订租借威海卫专条》上签字，同意将威海卫及附近海面租与英方。

1898年5月24日，英军在刘公岛上举行占领升旗仪式。

　　1901 年 9 月 7 日，奕劻、李鸿章代表清政府与英、美、俄、日、法、德、意、奥、荷、比、西十一国驻华公使签订了《辛丑条约》。该条约严重侵犯了中国的主权，给中国人民带来了沉重的负担，标志着清政府完全成为帝国主义统治中国的工具，中国彻底沦为半殖民地半封建社会。

《辛丑条约》签订情形，右坐中为李鸿章。

高密村民孙文抗德斗争所用抬炮

1899—1901年
山东博物馆藏

  此为清末山东高密农民孙文抗德斗争时所用抬炮。铁质。抬炮是以火药发射铁弹丸的一种炮。清末的抬炮、抬枪，实际上是一种重型鸟枪。

  1899年德国强租胶州湾后，急于向山东腹地修筑胶济铁路，以期迅速确立其在山东的势力范围。德国修造铁路过程中侵占了沿线农民大量赖以生存的土地。1899年11月22日，高密西乡农民领袖孙文在绳家庄召开大会，号召沿路108个村的群众团结一致，坚决抵抗德国侵略者的暴行。

  1900年1月2日起，孙文率领起义群众，执旗抬炮，袭击了德军的公司，拆毁了修铁路的一些窝棚。11日，孙文在张家大庄聚集武装群众3000多人，兵分三路到晾家埠拦阻修路。时任山东巡抚袁世凯及高密县等官吏屡次派兵镇压并悬赏通缉孙文等人。2月1日，孙文带领2000多名群众夜赴南流，围攻德国铁路公司分局。11日下午，孙文召集东北乡群众数百人，袭击了德国人的鲁家庙分局。13日又组织群众围攻了芝兰庄分局。同年4月9日，抗德群众数千人从绳家庄北上阻路，烧毁窝铺数座，并欲攻城。下旬，孙文率群众沿柳沟河一带设防，打败进攻的清兵。继之，袁世凯派重兵镇压，群众浴血抵抗，伤亡严重，斗争陷于低潮。5月，孙文遭叛徒出卖被捕，7月2日被清军杀害。

  高密人民的抗德斗争，自1899年6月开始至1901年间失败，前后坚持了3年左右的时间，给德国侵略者以沉重打击，表现了中国人民不屈外侮的反抗精神。

高密官亭村民张学文父亲
抗德斗争所用手炮

1990年
青岛市博物馆藏

手炮又被称为"燧发枪"，构造简单，西洋制式，炮管、扳机和击锤为铁质，炮身和手柄为木质。在击锤的钳口上夹一块燧石，传火孔边设有一击砧，射击时，扣引扳机，在弹簧的作用下，将燧石重击火门边，冒出火星后引燃火药击发，使用方便，精度较高。

高密官亭村民张学文1964年捐赠，为张学文父亲跟随孙文抗击德军时用过的武器。

高密毛家庄村民抗德斗争所用刀的刀库

1990年
青岛市博物馆藏

此为短刀的刀鞘。木质，蒙黑色牛皮，中间有两道铁箍用于加固。1966 年高密康庄公社毛家庄村民毛方昌捐赠。刀库主人是毛方昌的祖父，真实姓名无记载。德国侵占青岛后，修筑胶济铁路，途经高密，挖坟毁地，派兵入城，激起民愤。1899 年 11 月 22 日，高密西乡农民领袖孙文在绳家庄召开大会，揭发德国侵略者的暴行和清廷的软弱无能，号召沿路 108 个村的群众团结一致，抵抗德军。毛方昌的祖父也加入到抗德群众中去。刀库也成为山东人民英勇反击外侮、反抗压迫的见证。孙文于 1900 年被逮捕遇害后，高密人民仍坚持抗德斗争，屡给德国侵略者以沉重打击，迫使其筑路工程多次陷入停顿。

111

高密毛家庄村民毛铎抗德斗争所用铁鞭

1900年
青岛市博物馆藏

　　此铁鞭存二节，配木柄便于手持，两节铁棍和木柄间以五个铁圆环相连接，用于击敌。

　　铁鞭主人为毛铎，会武术，每日外出必带铁鞭。德国侵占青岛后，1900 年 4 月，袁世凯委派山东按察使胡景桂镇压起义，义军在清兵镇压下失败。铁鞭主人毛铎也在与清兵交战时，由于未能及时撤退，被清兵所杀害，年仅 40 余岁。

即墨大刀会会员王义训抗德斗争所用铁矛头

1899年
青岛市博物馆藏

仅余铁质矛头，长度较短，头部呈剑形。1965 年即墨河流庄村村民王正仁捐赠。曾为 1899 年 4 月 17 日即墨大刀会首领王义训（王正仁祖父）在"反教堂反官府"的抗德斗争中所用。王义训率众毁河流庄教堂，后被知县周永拘捕。

大刀会是清光绪年间活跃于山东、河南、安徽、江苏交界地区的民间自卫组织，以"诛除西教为主旨"，后与"义和团"运动合流。1899 年春，即墨西北乡河流庄一名基督教长老会教徒，依仗列强势力横行乡里，引起民众不满。该村大刀会首领王义训集结大刀会成员三四十人，将该村教堂的器具等查抄拍卖。即墨县令周永闻讯将王义训骗至县城扣押。王义训之弟王信勋召集大刀会员千余人，各持器械，涌向县城请愿，遭到官兵弹压，双方展开了激烈械斗。由于大刀会会员缺乏训练，被官兵驱散。即墨县官吏也在洋人胁迫下将王义训处死。县令周永亦因此事被革职。

即墨王义训联合大刀会
抗德斗争所用佩刀

1899年
青岛市博物馆藏

1965年即墨曹家屯捐赠，曾为1899年4月17日即墨大刀会首领王义训在"反教堂反官府"的抗德斗争中所用。这组佩刀共四把，均为铁身木柄，根据刀身曲率，分为直刀、雁翎刀和牛尾刀三种，前两种为清军所用，牛尾刀为非制式军刀，是19世纪民间武术家和反抗组织常用。从刀形的不同也可看出清末民间武装组织如大刀会人员力量冗杂，所用武器也并不统一。

即墨西河流庄大刀会会员周锡叶
抗德斗争所用铁矛头

1899年
青岛市博物馆藏

　　仅余铁质矛头，长度较短，头部呈剑形，矛柄残余少量木质。1965年即墨西河流庄村村民周云在捐赠。其父周锡叶作为大刀会成员曾参与1899年4月17日即墨大刀会首领王义训"反教堂反官府"的抗德斗争。

胶州大辛疃义和团领袖丁振臻
抗德斗争所用铁矛头

1899年
青岛市博物馆藏

　　仅余铁质矛头，长度较短，头部呈铲形。矛头曾为胶州义和团领袖大辛疃村民丁振臻在1899年8月13日的抗德斗争中使用。1966年胶州大辛疃村村民捐赠。

　　1898年德军侵入胶州后，在胶州沿线修路，霸占民田，挖掘祖坟，人民怒不可遏，纷纷揭竿而起。在铁路沿线、沽河附近的村庄如大辛疃、贾疃、沙沟、小埠头、河西店、刘家店、小窑等地纷纷成立了义和团组织，人们自愿捐钱献铁，工匠无报酬地连夜赶制大刀梭镖、矛头和棍棒，时刻准备着和来犯的德军做斗争。1900年，胶州东乡大辛疃村一魏姓农民发起组织红拳会、义和拳会，后称义和团，发展至数百人，打击大辛疃耶稣教堂的传教士。同年，因德国修胶济铁路沽河铁桥设计低矮狭窄，汛间阻水成灾，群众受害。义和团聚众英勇抗击，取得胜利。团民的活动引起了德国当局和官府的惊惧，他们互相勾结，准备对大辛疃的义和团进行镇压和屠杀。1900年8月13日德国当局从教民处得知义和团警戒松懈等情况，趁机派骑兵偷袭大辛疃义和团。大辛疃义和团未来得及集合其他团员，孤军在村东坟墓地同德军决战，奋力冲杀，终因寡不敌众而败。

胶州沙沟村王经文参加
义和团抗德斗争所用单刀

1900年
青岛市博物馆藏

　　铁质单刀，为山东胶州人王经文1900年9月
8日参加义和团运动与德军战斗使用的武器。

胶州沙沟村义和团抗德斗争所用铁矛头

1900年
青岛市博物馆藏

铁质矛头，为胶州沙沟村义和团使用的同德军
战斗的武器。

　　德国占领青岛期间（1897—1914 年），在青岛信号山（德人称为毕斯马克山）麓留下的刻字，上刻德国飞鹰国徽，下叙占领年月，当时称作"第德利希石"，是德国入侵山东的见证。1914 年，日本抢占青岛后，在此刻石上复刻"大正三年十一月七日"（德军投降之日）。至一战告终，日本为掩盖其侵略事实，又派匠人将日、德两国文字一概划去，只字不留。

青岛信号山刻有日、德两国文字的碑石

义和团成员姜以信抗德斗争所用大刀

1900年
青岛市博物馆藏

铁质大刀。这把大刀是山东胶州河西店村、北堤子村（今属胶东街道）村民姜以信在1900年9月6日参加义和团运动、助战烧毁大辛疃教堂时所用。抗日战争期间，姜以信之侄姜之庆在河西店村当民兵时，还曾使用该大刀抵御过日、伪军。

胶州河西店村义和团成员姜方金
抗德斗争所用铁矛头

1900年
青岛市博物馆藏

　　铁质矛头。这件铁矛是山东胶州河西店村（今属胶东街道）村民姜方金参加义和团运动使用的武器。

胶州义和拳组织人魏永盘
抗德斗争所用法螺号角

1900年
青岛市博物馆藏

　　1900年胶州大辛疃村（现胶州市李哥庄镇前辛疃村）义和拳组织人魏永盘抗德使用的法螺号角。

荣希亮与德军交战中使用的横刀

1900年
青岛市博物馆藏

　　此横刀系胶州人荣希亮参加义和团，和德军在大辛疃战斗时所用。

　　1898年（清光绪二十四年）《胶澳租借条约》签订后，胶州塔埠头以南沿海的45个村被划入胶澳租界，沦为德帝国主义的殖民地。从此城乡人民奋起抗敌。1900年（清光绪二十六年）东乡大辛疃村（今胶州市李哥庄镇前辛疃村）一魏姓农民发起组织红拳会、义和拳会，后称义和团，发展至数百人。他们身穿红衫、头扎红巾，练拳习武，用大刀长矛，同德国侵略军拼斗。同年，因德国修胶济铁路，大沽河铁桥设计低矮狭窄，汛间阻水成灾，群众受害，义和团聚众英勇抗击，迫使侵略者加宽了铁路桥涵，避免了水患。后有教徒将义和团警戒松懈等情况告知驻李哥庄和青岛的德国侵略军，他们趁机偷袭大辛疃义和团。义和团未来得及集合其他团员，孤军在村东坟墓地同德军决战，奋力冲杀，终因寡不敌众而惨败。这些自发性的反抗斗争，虽然未能取得最终的胜利，但却显示了民众的斗争力量和英勇顽强的民族精神。

德占青岛时期的胶州报刊

1902—1903年
青岛市博物馆藏

纸质，共7份。在光绪二十八年八月初三日（1902年9月4日）奏稿选录中有清政府镇压景廷宾起义的相关内容。

光绪二十七年（1901年）春，直隶广宗县官绅和教士议定"地方赔款"，赔偿当地教会损失京钱二万吊，引起当地民众义愤。民众推举武举出身的景廷宾（1861—1902）为首领，抵制地方赔款。该年冬季，新知县魏祖德到任后，强令各村每亩摊派赔款捐四十文，再次激起民仇。景廷宾传帖聚众，遂在城郊武装示威，宣称"所有地丁捐款概不缴纳"，赢得全县民众的响应，景廷宾所在的东召村成为抗捐运动中心。光绪二十八年二月（1902年3月），袁世凯派练军前往广宗镇压，炮轰东召村，景廷宾率众转移巨鹿县。三月十六日（4月23日），景廷宾率数千民众在巨鹿厦头村宣布起义，竖起"官逼民反""扫清灭洋"大旗。起义军迅速扩展到近四万人，多为原义和团团民，转战巨鹿、邢台、唐山、内丘等多县，并提出"复仇雪耻"的口号，向洋教士、洋教会发起攻击，在威县处死法国教士。清政府在列强的催逼下调兵镇压，法、德、日等国侵略军六千余人也从北京直赴南宫、冀州助剿。广宗、巨鹿、威县、南宫等处根据地相继陷落，景廷宾在临漳兵败被俘，后在威县英勇就义。景廷宾死后，随从相继离散，起义遂告失败。

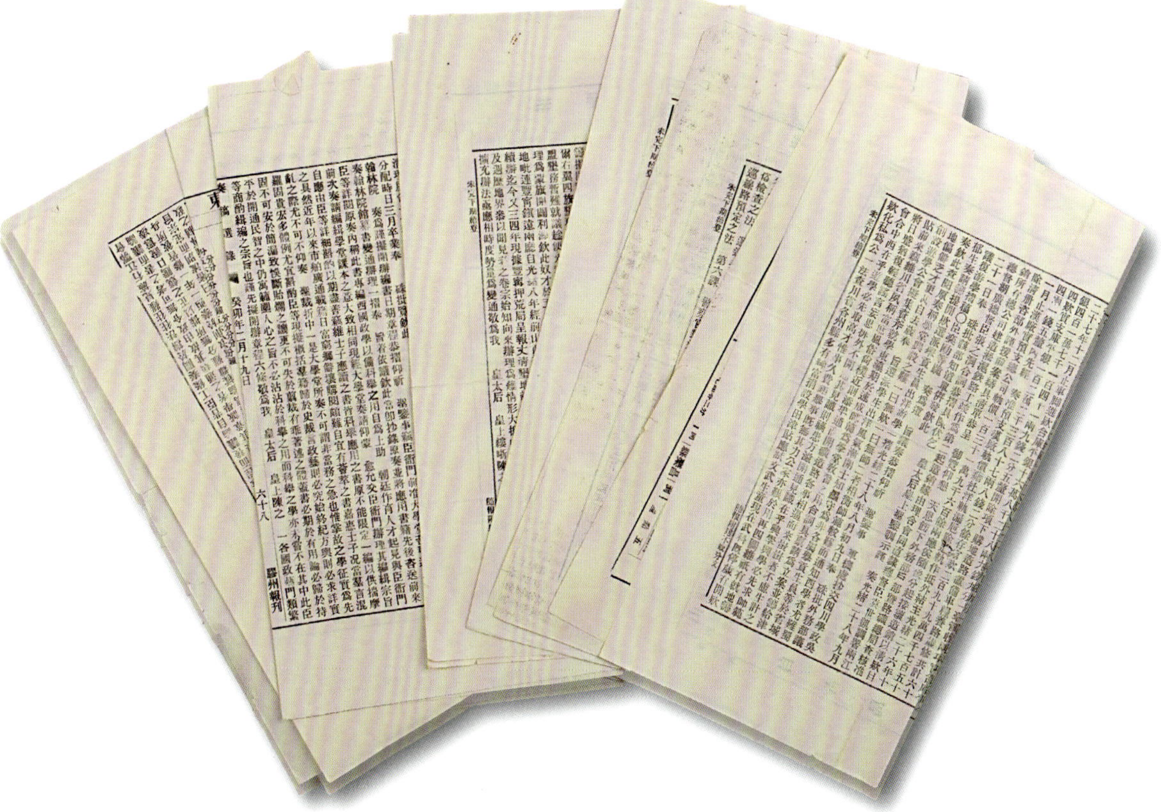

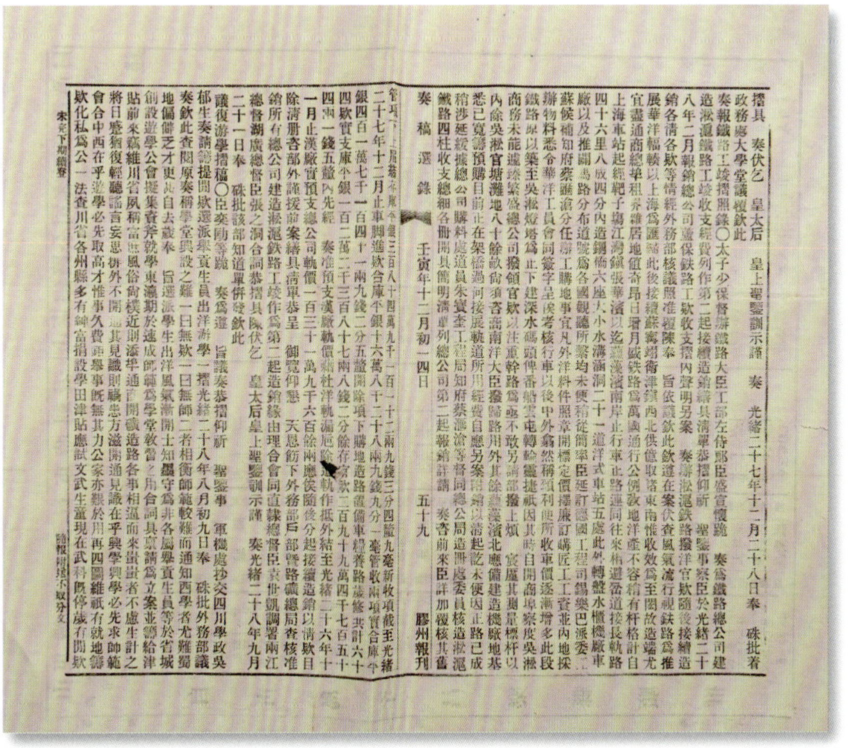

摺具　奏伏乞　皇太后　皇上聖鑒訓示謹　奏　光緒二十七年十二月二十八日奉　硃批著
政務處大學堂議覆欽此
奏報鐵路工竣摺照錄○太子少保督辦鐵路大臣工部左侍郎臣盛宣懷跪　奏爲鐵路總公司建
造淞滬鐵路工竣收支經費列作第二起接續造銷繕具清單恭摺仰祈　聖鑒事竊臣於光緒二十
八年二月報銷總公司盧保鉄路工欵收支摺內聲明另案　奏辦淞滬鉄路撥洋官欵隨後接續造
銷各清各欵等情經外務部核議照准覆陳奏　旨依議欽此欽遵在案伏查風氣流行視鉄路爲推
展華洋輻輳以上海爲匯歸此後接續蘇寗爛衛津鎮西北供億取諸東南惟收效爲至闊故造端尤
宜盡通商總埠租界雜居地値奇昂日增月盛鉄路爲萬國通行公例致地洋產不容稍有扞格計自
上海車站起經靶子塲江灣鎮張華濱以迄蘊藻濱南岸止行車止路連同往來梢避岔道接長軌路
四十六里八成四分內造鋼橋六座大小水溝涵洞二十一道洋式車站五處此外轉盤水櫃機廠車
廠以及推闢馬路分布道號爲各國觀聽所繫均未便稍從簡率臣延訂德國工程司錫樂巴派委[illegible]
蘇候補知府蔡滙滄分任辦工購地事宜凡外洋料件照章開標定價擇廉訂購匠工工资並內地採
辦物料悉令華洋工員會同簽字呈候考核行車以後中外翕然稱頌利便所收車價逐漸增多此段
鐵路原以築至吳淞燈塔爲止下建深水碼頭俾番船雲屯轉輪鑪捷祇因其時自開商埠察度吳淞
商務未能遽臻繁盛總公司撥領官欵以注重幹路爲亟不致另請部撥上煩　宸廑其測量標杆以
內除吳淞官塘灘地八十餘畝尚須咨商南洋大臣撥歸路用外其餘蘊藻濱北應備建造機廠地基
悉已寬籌預購目前止在架橋過河接展軌道所用經費自應另案開銷以清起訖未便因正路已成
稍涉延緩據總公司購料處道員朱寶奎工程局知府蔡滙滄等督同總公局造冊處委員核造淞滬
鐵路四柱收支總細各冊開具備明清單列總公司第二起報銷詳請　奏咨前來臣詳加覆核其舊
奏稿選錄　壬寅年十二月初一四日　五十九　膠州報刊
管項下上屆萬各庫平銀三百八十四萬九千一百一十二兩九錢三分四釐九毫新收項截至光緒
二十七年十二月止車脚進欵合庫平銀十六萬八千二十八兩九錢九分一毫管收兩項實合庫平
銀四百一萬七千一百四十一兩九錢二分五釐開除項下購地造路置備車輛養路歲修共計六十
四欵實支庫平銀一百二萬二千三百八十七兩八錢二分餘存京欵二百九十九萬四千七百五十
四兩一錢五釐內先經　奏准預支漢廠軌價補杜洋軌漏卮除[illegible]軌作抵外結至光緒二十六年十
一月止漢廠實預支總公司軌價一百三十一萬九千六百餘兩應俟隨後分起接續造銷以清欵目
除淸冊咨部外謹援前案繕具淸單恭呈　御覽仰懇　天恩飭下外務部戶部暨路礦總局查核准
銷所有總公司建造淞滬鉄路工竣作爲第二起造銷緣由理合會同直隸總督臣袁世凱調署兩江
總督湖廣總督臣張之洞合詞恭摺具陳伏乞　皇太后皇上聖鑒訓示謹　奏光緒二十八年九月
二十一日奉　硃批該部知道單併發欽此
議復游學摺稿○臣奕劻等跪　奏爲遵　旨議奏恭摺仰祈　聖鑒事　軍機處抄交四川學政吳
郁生奏請籌提閒欵選派舉貢生員出洋游學一摺光緒二十八年八月初九日奉　硃批外務部議
奏欽此查閱原奏稱學堂興設之難一曰無欵一曰無師二者相衡師範較難而通知西學者尤難獨
地偏僻乏才更此自去歲奉　旨選派學生出洋風氣漸開士知墨守爲非各屬舉貢生員等於省城
創設遊學公會擬集資斧就學東瀛期於速成師範爲學堂教習之用合詞具禀請爲立案並籌給津
貼前來竊維川省夙稱富庶風俗尙樸近則滋埠通商開礦造路各事相逼而來嵗嵗者不慮生計之
將日蹙猶復輕聽謠言妄思排外不開通其見識則禍患方滋開通見識在乎興學興學必先求師範
會合中西在乎遊學必先取高才惟事久費鉅舉事既無其力公家亦艱於用再四圖維祇有就地籌
欵化私爲公一法查川省各州縣多有紳富捐設學田津貼應試文武生童現在武科既停嵗有閒欵
未完下期續登
隨報附送不取分文

清政府公开招抚的义和团与清军顽强抵御联军入侵，然义和团最终在中外联合镇压下失败。图为被俘的义和团团民。

义和团运动时期山东平阴平安寨
"团练右局"旗

清末
山东博物馆藏

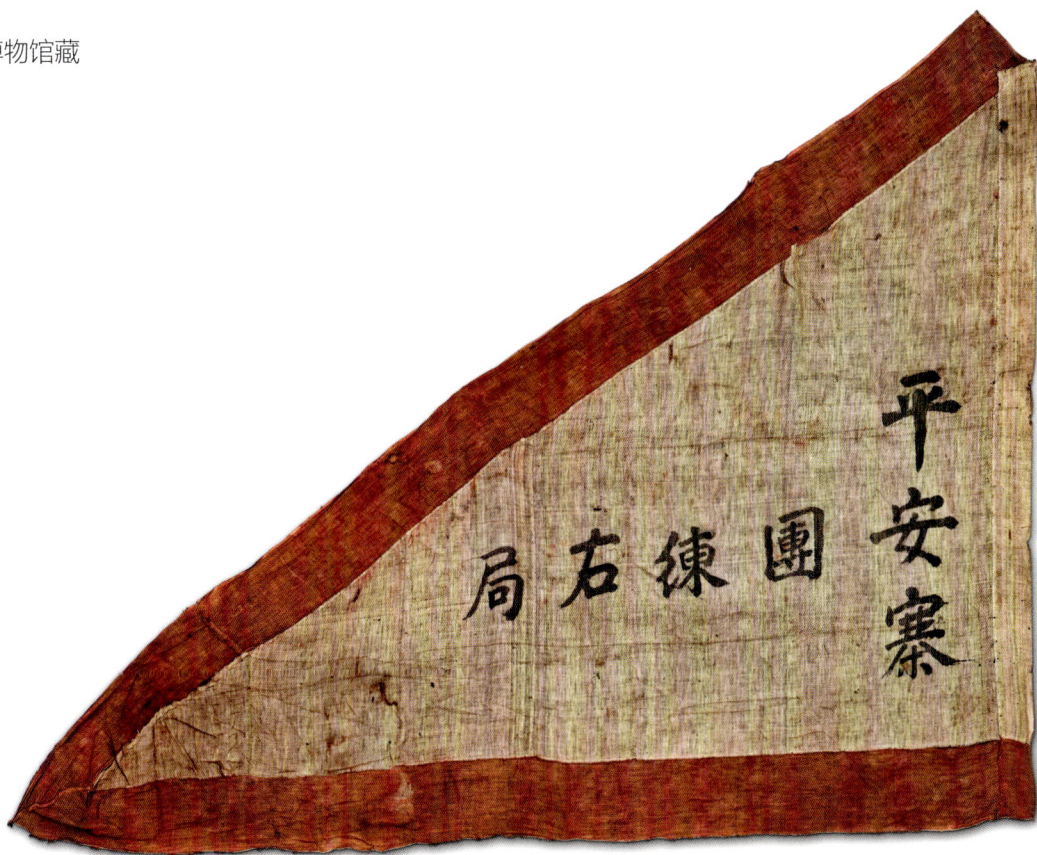

　　义和团在山东兴起时期在平阴平安寨地区和地方团练合作时的旗帜。

　　清代团练原本是由地方组织的民兵团体，主要职能是保卫乡里、缉防盗贼。太平天国起义后，清廷诏令各地办团练，并在南方诸省任命团练大臣，团练成为镇压农民起义的统治工具。1861年，清廷令撤各省团练大臣回京供职，其责由督抚承担。1898年，清廷命各省团练仿效西方国家训练民兵之法，以乡团为民兵，轮番编练，维持至清末。

　　义和团运动1899年前后兴起于鲁西与直、鲁交界地区，并以此为基础发展到整个华北地区，在反抗八国联军的斗争中达到高潮。在此过程中，各拳会组织与清朝政府和地方士绅关系变化复杂。民族、社会危机深重，地方当局亟须维持地方平衡与稳定。1900年，反抗洋教的义和团作为保卫身家的团体而存在，得到了政府的默许甚至鼓励，并与地方团练合作发挥作用，协助清军维护地方秩序和社会安定。

曹县义和团团规（复制品）

1900年
山东博物馆藏
（原件藏于中国社会科学院近代史研究所）

山东曹州义和团到北京参加抗击八国联军战争的历史见证。团规并不是义和团组织自己制定的，而是被清政府钦命统率义和团王大臣的载勋、刚毅强加给义和团一些组织的，是清政府利用、控制和破坏义和团运动的手段之一。义和团既有官方颁发的十条团规，也有自己独特的规定。

义和团运动于1899年前后兴起于山东鲁西与直、鲁交界地区，并以此为基础发展到整个华北地区，在京津反抗八国联军的斗争中达到高潮。义和团运动最终在中外反动势力的镇压下失败，然运动使帝国主义瓜分中国的迷梦彻底破灭，加速了清政府的灭亡，促进了中国民众的觉醒并成为"五十年后中国人民伟大胜利的奠基石之一"。

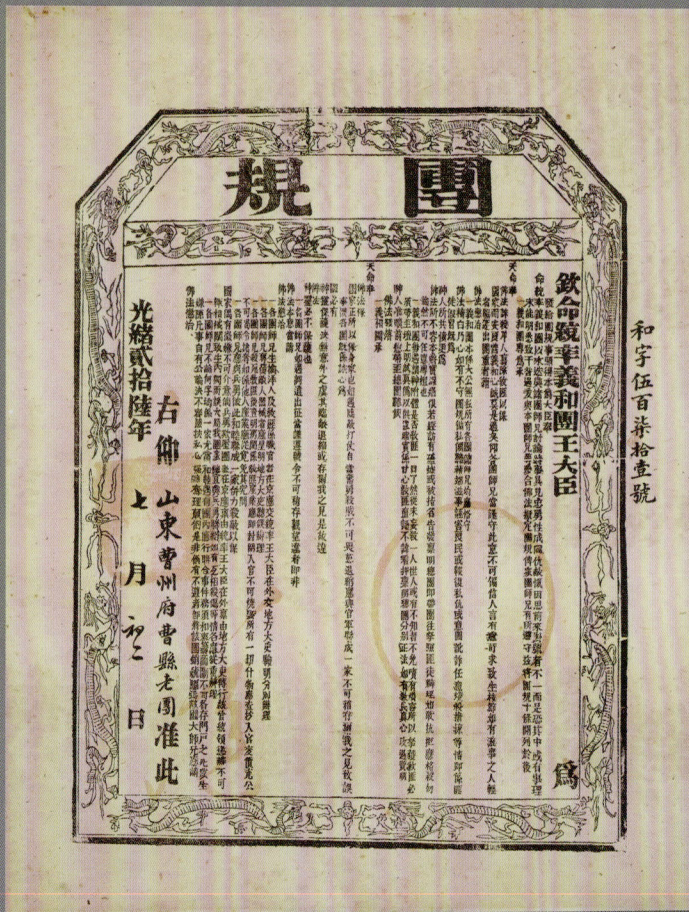

济阳义和团使用过的铁刀

清末
济南市济阳区博物馆藏

铁质，此刀是1900年济阳仁风镇义和团首领孙九龙在玉皇庙伏击战中斩杀候补知县查荣绥时所用。孙九龙是济阳仁风镇三教堂村（今曲堤街道三教管区）人。

1900年夏，义和团在天津遭到帝国主义、清政府联合镇压，幸存势力向南发展。9月间，惠民县义和团首领孙允荣与济阳县孙九龙、陈云岭等，召集济阳、惠民、商河、齐东、章丘等12县的团民近千人，聚集在三教堂村以东的玉皇庙内，练兵习武，打击教会势力，并拟进军县城一带，以实现其"反清灭洋"宗旨。山东巡抚袁世凯闻讯后派兵来济阳镇压。义和团早得警讯，事先调兵遣将设下埋伏。9月24日，清兵进入伏击圈，团民奋起痛击，当场打死官兵10余人，带兵的候补知县查荣绥也被杀死。尔后，袁世凯又派倪嗣冲等率马、步兵500余人再行镇压，孙九龙与其他团民首领被捕，在济南惨遭杀害。

曲诗文

1849—1914

亦作士文，山东莱阳人，清末民初胶东农民抗捐抗税起义领袖。1910年4月，因莱阳灾荒，他邀约各村代表20余人聚会唐家庵，成立"联庄会"，议定向官府劣绅讨还社仓"积谷"，被推举为"索谷"总指挥。此后，他率乡民几次与县令交涉，并"拦舆递禀"，向下乡视事的登州知府文淇求助未果，民众激怒。6月11日—12日，他率众四五千人，放火烧毁各地劣绅房舍，将储粮分给饥民。山东巡抚孙宝琦派官兵抵莱镇压。曲诗文于7月4日集合三四万人于九里河畔宣布起义，并任总指挥。7月10日起义军包围莱阳城。他登上城北亭山，指挥攻城。因城防甚严，三天攻城不下。起义军腹背受敌，终因粮尽弹缺，伤亡惨重而失败。1911年秋，曲诗文联合招远郭福年，准备再举，后因郭被害未成。曲诗文被迫远走东北。在其影响下，招远、荣成、济宁、肥城等地相继爆发了大规模的群众抗捐抗税斗争。1914年秋，曲诗文潜回家乡，准备继续组织起义，由于劣绅告密不幸被捕，后被害于烟台西南河，时年65岁。

抗清名士曲诗文被捕后在狱中的照片

1914年
山东博物馆藏

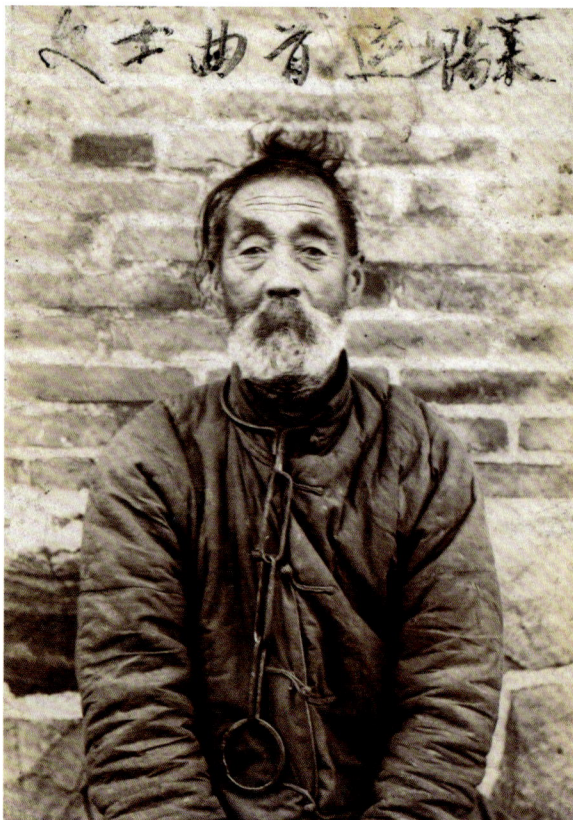

曲诗文领导抗税抗捐起义时使用的
手枪和马刀

1910年
山东博物馆藏

　　清末民初抗清名士曲诗文领导抗税抗捐起义
时使用过的武器。

　　1899 年 4 月，德国与清政府签订《青岛设关征税办法》，中国派税务司在胶澳租借地设立海关，实为德国殖民把控，实行特殊的关税政策，给山东及至中国民族经济的起步和发展带来沉重打击。1899 年 7 月，胶海关正式开关，首任税务司由德国人担任，是近代中国设在外国租借地（胶澳租借地）的第一海关。1950 年改为青岛海关。

胶海关旧影

青岛工商学会印行
《近十年胶海关中外主要贸易比较表》

1933年
山东博物馆藏

胶海关于1899年7月1日设立，是近代中国第一个租借地海关，设在德国租借地和港口青岛。胶海关虽为中国政府所设海关，但根据中德条约规定，胶海关税务司必须由德国人担任，贸易活动实为德国殖民者把控。胶海关的设立，对近代青岛商贸发展起着举足轻重的作用。1908年，青岛港的贸易总额超过了早开埠37年的烟台港，成为名副其实的山东第一大贸易口岸。1922年6月29日，中国

政府收回胶海关，胶海关从此摆脱租借地海关性质。1922—1933年十年间胶海关中外贸易往来基本保持较好的发展势头，但是从进出口货物的比例和种类来看，这一时期进口贸易仍占有明显优势。全面抗战爆发后，日军再次占领青岛并强行接管胶海关。1949年6月2日青岛解放，中国人民解放军青岛军事管制委员会接管胶海关。胶海关的曲折发展历程成为中华民族发展的缩影。

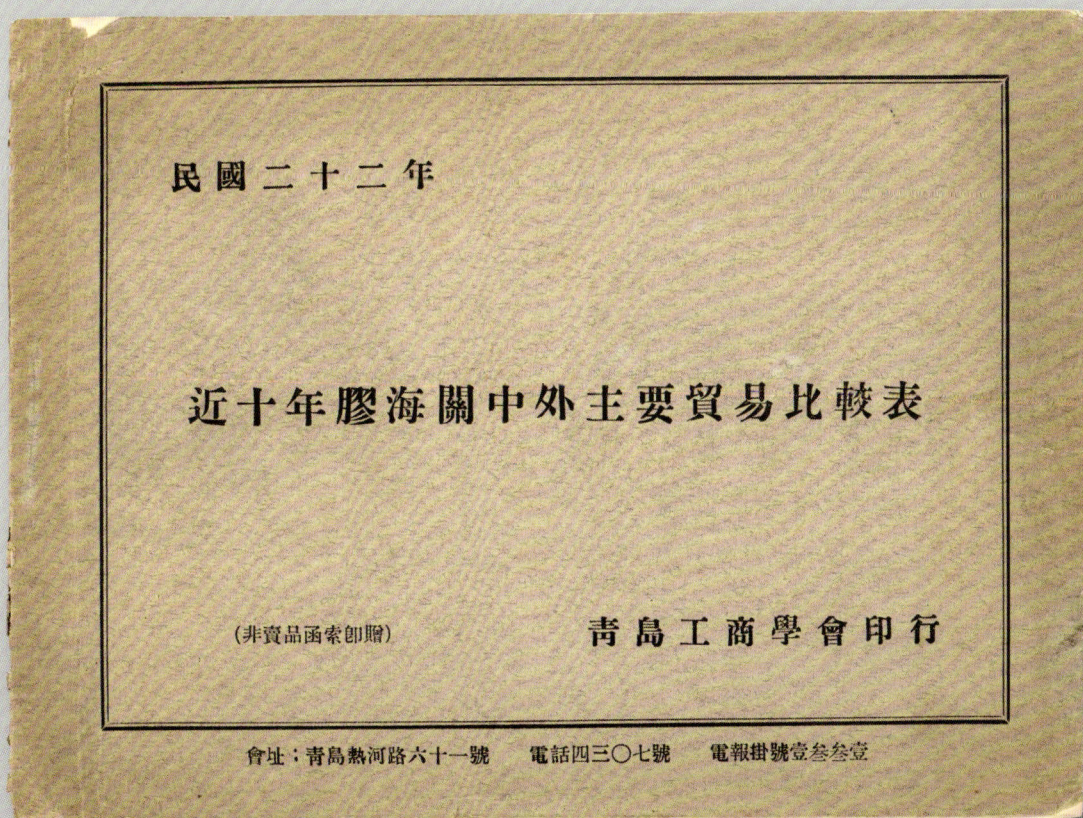

民國二十二年

近十年膠海關中外主要貿易比較表

（非賣品函索卽贈） 青島工商學會印行

會址：青島熱河路六十一號　　電話四三〇七號　　電報掛號壹叁叁壹

第三章

辛亥声浪
光复登黄

辛亥革命是在清王朝日益腐朽、帝国主义侵略日趋加深、中国民族资本主义初步成长的基础上发生的。1911年10月10日，武昌起义爆发，山东革命党人闻此消息后积极响应，策划起义，力促山东独立，登黄光复，被誉为"埋葬清廷帝制的最后一战"，有力支援了全国的民主革命。尽管辛亥革命最终未能完成争取民族独立和人民解放的历史任务，然其开启了思想解放、政治变迁、经济和社会进步的闸门，推翻了在中国延续了两千多年的封建君主专制制度，推进了民族复兴的进程。

徐镜心

1874—1914

字子鉴，山东龙口人。中国近代著名的民主革命家、同盟会山东主盟人、北方反清革命领袖和孙中山先生得力助手。1902年入山东大学堂。1903年考入日本早稻田大学攻读法律。1905年在日本加入中国同盟会，被孙中山委任为中国同盟会北部支部领导人和山东分会主盟人，是辛亥革命时期山东独立运动的核心人物。1906年回国，招收爱国青年发展同盟会员，进行革命活动。1911年10月武昌起义爆发，徐镜心与丁惟汾等在济南联络同盟会会员积极响应，力促山东独立。山东独立运动昙花一现，被山东巡抚孙宝琦取消后，徐镜心出走上海拜会孙中山。孙中山安排他与上海军政府都督陈其美商议山东战略方案，责成上海军政府要给予实力援助，并授权其继续领导山东革命。1912年徐镜心率军光复登州，成立革命军政府。光复登黄（今蓬莱、龙口一带）战事是当时中国长江以北规模最大、影响最大的反清起义，被誉为"埋葬清廷帝制的最后一战"。1913年3月20日，宋教仁被害，徐镜心撰文痛斥袁世凯的倒行逆施，力逼查办凶手。1914年3月，徐镜心反对袁世凯称帝，密谋讨袁，被袁世凯伪造证据秘密逮捕，狱中受尽酷刑，坚贞不屈。4月14日在北京英勇就义。

徐镜心著《政界表说略》

1906年
山东博物馆藏

徐镜心著《政界表说略》，1906年烟台文明印书社出版。该书正文共13页，六张树形表格，分别是国法表、警察表、国法职员警察职员表、城埠乡村警察之组织表、商会之组织表、学会之组织表。

该书提出了现代政治的重要原则，描绘出中国近代第一张具体而完整的民主共和国蓝图。特别是关于现代政治体制的探索，集中展示了作者对于未来民主共和国家的基本认识和总体设计，其中所强调的现代国家结构和民主政治原则，在那个时代是难能可贵的思考。该书是辛亥革命诸领袖中最早勾勒民主共和国蓝图的标志性成果，也是近代中国先进知识分子思考民族前途和国家未来、探索现代国家结构和民主政治原则的杰出著作。

山东独立纪念会合影

　　1911 年 10 月，武昌起义胜利后，山东同盟会积极响应。11 月 13 日，山东各界代表在联合会召开大会，山东巡抚孙宝琦被迫同意山东独立。山东的独立和武装起义，是辛亥革命的重要组成部分，在辛亥革命史上有特殊的地位和作用。

1911年11月13日，山东同盟会联合各界召开山东独立大会，宣布山东独立。《齐鲁公报》由同盟会会员王讷创刊于1911年11月15日，辛亥革命时期是山东省各界联合会的机关报，1912年1月23日被迫停刊。图为《齐鲁公报》创刊号刊载的《山东独立纪事》。

　　武昌起义后，山东同盟会在烟台、黄县、登州、文登等地发动独立斗争。1911 年 11 月 12 日，革命党人在烟台等地武装起义，打响了山东革命党人武装斗争的第一枪。11 月 13 日烟台光复，成立烟台临时军政府，并与济南同一天宣布独立。

烟台起义后部分起义成员合影

《渤海日报》

1910年2月22日
烟台市博物馆藏

《渤海日报》创刊于1906年，对开铅印。创办人为同盟会会员陈命官、齐树棠、丁训初、李凤梧等。1905年同盟会在东京成立后，中国留日学生被取缔，同盟会会员纷纷回国。蓬莱籍的陈命官等创办了《渤海日报》。当时同盟会会员在山东创办的鼓吹革命的报纸，除济南的《白话报》外，即为烟台的《渤海日报》。它不仅是宣传革命的舆论阵地，还是同盟会会员进行组织工作的处所。1911年10月10日武昌起义后，烟台的同盟会会员即在渤海日报社内策动烟台起义。

1911年11月12日，烟台"十八豪杰"聚集在渤海日报社，于当晚举事起义，智取海防营，占领道署衙门和大清银行。次日上午，丁训初作为起义队伍的发言人，召集商会及民众代表在道署衙门集合，宣传了反满救国的革命思想，并宣布烟台独立，起义取得成功。而在袁世凯窃取辛亥革命果实后，烟台同盟会的革命活动受到压制，《渤海日报》于1912年被迫停刊。丁训初等又在烟台创办了《钟声报》。

　　中华民国成立后，孙中山派遣北伐革命军登陆烟台，徐镜心领导了以光复登（州）黄（县）为标志的一系列战事，促使革命独立运动由胶东迅速扩展至山东全境，激战至清帝退位为止。

北伐军登陆烟台，受到民众热烈拥护。

山东都督胡瑛颁发给宫锡德的光复烟台纪念章

1912年
烟台市博物馆藏

　　宫锡德所获光复烟台纪念章，银质，椭圆形，上方有钮，钮上系红色三角形佩戴布。纪念章正面中央制有五色旗及"铁血十八星"旗图像，上部有"光复烟台"、下部有"山东都督胡瑛赠"、两侧有"纪念"字样，均为楷书阳文，字迹清晰。背面上部记有一个篆书"瑛"字。中央横书"宫锡德"，为阴文。下部压印"烟台宝兴"，为宝兴号金银首饰店的制作印记。

　　宫锡德，原为清军海防营军官，烟台独立之役中作为内应，帮助起义军智取海防营，与栾钟尧、李凤梧、王耀东、宫仁山、宫锡恩、杨新亭、张雨臣、丁训初、李士元、李旭堂、由芝贵、肖仕生、王锡之、孙锡纯、刘德亭、曹维新、倪显廷并称烟台辛亥革命"十八豪杰"。1911年10月10日，武昌起义爆发后，山东革命党人积极响应。11月12日晚，"十八豪杰"带领起义军兵分三路，以少胜多，智取海防营，占领道署衙门和大清银行，一夜之间光复烟台，于11月13日宣告烟台独立，成立军政府。1912年1月，军政府致信上海都督陈其美，报告山东巡抚张广建唆使烟台巡防营官兵叛变，要求接济。当时孙中山、黄兴正在上海主持北伐军事，遂令陈其美派部支援，并任胡瑛为山东军政府都督。胡瑛赴烟后改组了烟台军政府，并向在烟台独立过程中有功人员颁发光复烟台纪念章和建造民国章。

栾钟尧手绘帐檐

1925年
烟台市博物馆藏

此帐檐共有栾钟尧书四幅书法，绘五幅绘画作品。自右往左依次为：第一幅为隶书临朱文震书法，内容为唐代李涉的《题开圣寺》；第二幅为临徐青藤折枝花卉；第三幅为《秋渡图》；第四幅为篆书和楷书《师馀鼎》《父己鬲》铭文；第五幅为其绘《松鹤图》；第六幅为楷书临《张文敏跋兰亭语》；第七幅为《师米襄阳》，为其仿米芾的米点

山水；第八幅为《仿鹿牀大意》，即仿清代宫廷画师戴熙笔意；第九幅为行书唐代张渭《同王征君湘中有怀》。

辛亥革命爆发后，山东独立运动昙花一现。1912年3月，以胡瑛为首的山东军政府在烟台成立，栾钟尧出任军政府执法司司长。1913年，栾钟尧出任邹平县知事，他首倡续编《邹平县志》，任内扩充各类学校百余处，亲自捕灭蝗虫，受到百姓普遍赞誉。翌年秋，因袁世凯"不得服官本省"的条令去职，被贬为一般公务员，远调吉林省。在吉林，因不与北洋军阀合作，受到清朝遗臣排斥，愤然辞职，辗转到京津一带卖画为生。1929年因病去世。

徐镜心所撰
《光复登黄战事纪实》手稿

1912年
烟台市博物馆藏

  线装本，每页9行，共43页。手稿内容有缺。手稿中每句有句读标注，封面"光复登黄战事"中的"光"字原写"恢"字，后圈掉在右边加写"光"字。

  烟台是民族资本主义经济集中地区，又是同盟会北方支部所在地，同盟会在这里活动最早，成效最大。1912年2月，革命军光复登州（今山东省烟台市蓬莱区）、黄县（今山东省龙口市）的战斗结束后，徐镜心写成此稿。着重记述了辛亥革命时革命军攻打登州、黄县的战斗史实及同盟会会员的革命活动。1912年1月15日，徐镜心与连承基等率500余名士兵乘两艘日轮向登州进发，乘夜登陆，一举光复登州，于次日晚成立革命军政府。17日又光复黄县，成立了县民政署。登黄光复给清廷的腹心京津地区造成严重威胁，在辛亥革命全国局势中产生重大影响。《光复登黄战事纪实》是记载这一战事的珍贵资料。

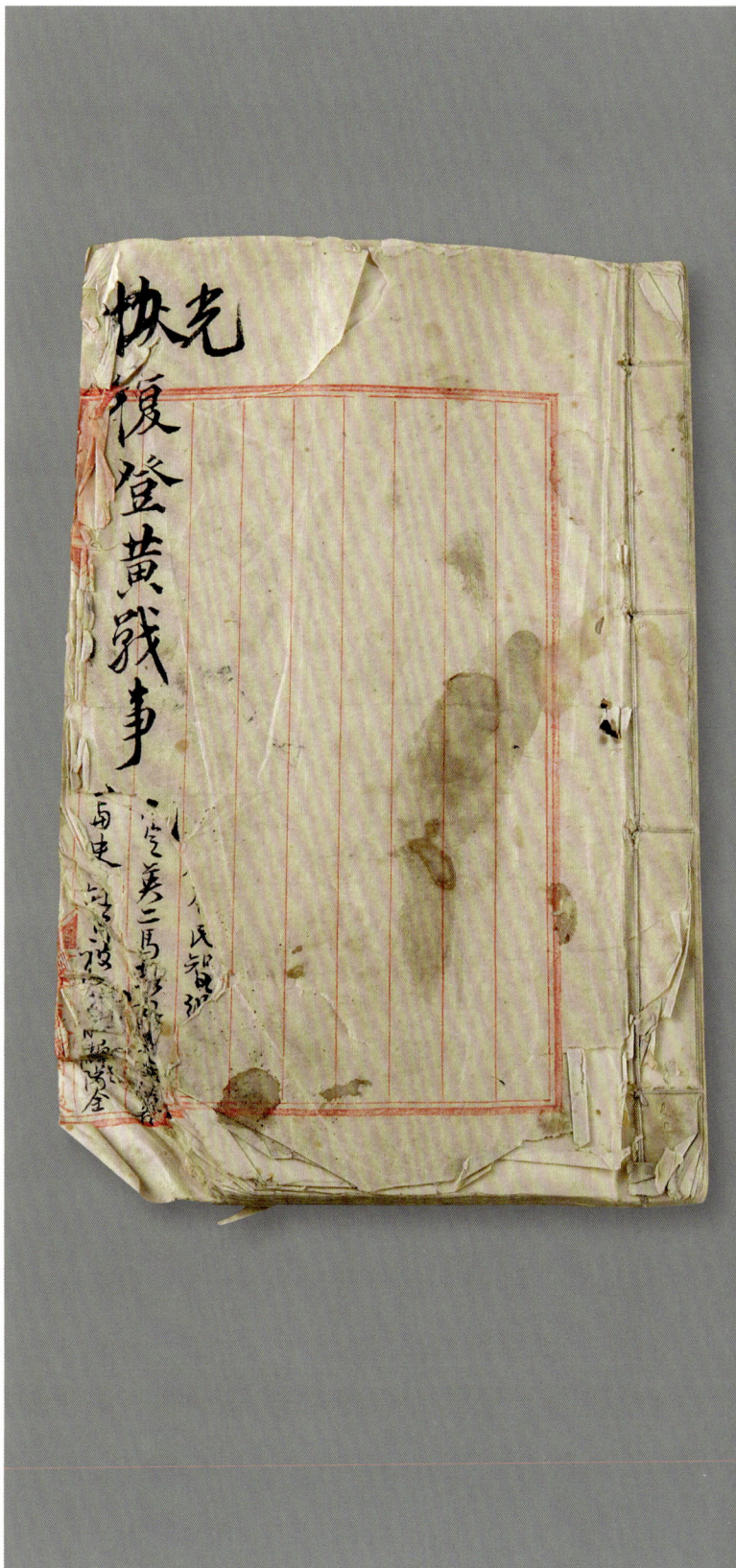

兵飛偽傷而外兵權皆都三索取王司令

声浪大作聞而圍自巡兵三千名闯至管某之

揹拿遂闯圍內弦出而旨外兵合汪溪某平兵自外突

八鐘聲四鬧以王侍烱多声去新換舟艇阻留伯不佳而

兵仍猛進不已闯內衛兵高有六名見多軍連發三枪外兵

三名倒弊餘皆被退走到君及某靜山左

兩兵辰某攔護巨人宅內時余手抉四炸彈擲給鬧排靂

一枚沿東牆南北巡圍弥亂中已明炸彈擲出玉先復入

宝未城趙英茂汪溪渠董保秦勤平兵當全部

翰

復卖合圍惟兵左門外揚言不索遷王司令余休王屬

善人傳令退兵不起就宗君滌塵兩次古門外廿三言以助之

衆就弟被弹擊嗣剔去就君茂後攔王侍烱立門內大

呼令退一兵仍飛弹枪打約數藏閛漲石決到君倡说王司令

不歸列兵名退王司令歸月人危兩方已起焰疑须因

移信之人舍中据侭那弹平至危險胎先王君歸遂一君

揹余往宋廿君曰報练理棄名卓昜治即君來当中偈余

央余往宋廿君日被阻最後且被绳西巡認八九名抄能遁躲

頭顱頗軋機軋之散閛孩余去奔部可搜五都

出門三次時被阻眾兵都可搜全

张广建

1862—1938

　　字勋伯，安徽合肥人。清光绪年间加入淮军，属聂士成部，其间因功保举知县，分发山东，结识时任山东巡抚袁世凯，后来升为山东布政使。辛亥革命爆发后，山东巡抚孙宝琦先是于 1911 年 11 月 13 日宣告山东独立，13 天后又在袁世凯逼迫下宣布山东取消独立。经此大变，孙宝琦心力交瘁，告病辞职。孙宝琦辞职后，由时任山东布政使的张广建代理山东巡抚。1912 年 2 月 3 日，皇太后隆裕授予袁世凯以全权，与南京临时政府商酌退位条件，2 月 12 日，隆裕皇太后带着小皇帝溥仪，在养心殿行清王朝最后一次朝见礼，随即下诏退位。至此，统治中国二百余年的清王朝寿终正寝。

　　袁世凯就职中华民国大总统后，张广建被调任顺天府府尹，后历任西北筹边使、甘肃都督兼民政长、甘肃巡抚。袁世凯死后，张广建投靠皖系，1920 年直皖战争中皖系失败，张淡出政坛，后逝于安徽故乡。

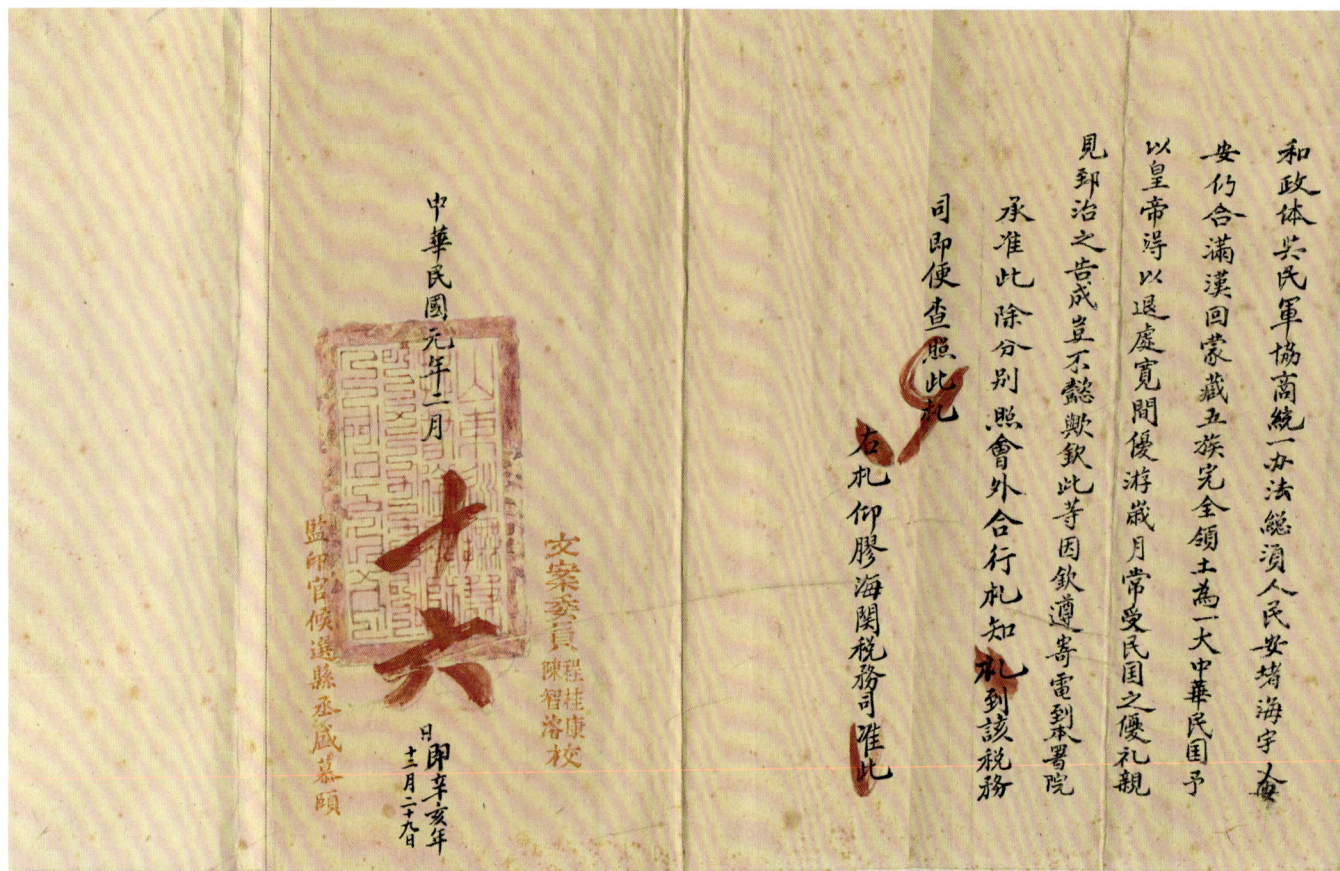

署理山东巡抚张广建发给青岛海关
通知清帝退位宣布共和札

1912年
山东博物馆藏

　　1912年2月，时任山东布政使、代理山东巡抚张广建发给青岛海关（时称胶海关）通知清帝退位宣布共和的公文，墨笔书写。1912年2月12日，清朝最后一位皇帝爱新觉罗·溥仪颁布退位诏书，标志着清政府统治正式结束。此札使用民国纪年和历法，札首书"元年二月廿二日到"，并书阴历"壬正月初五日"以示对照。

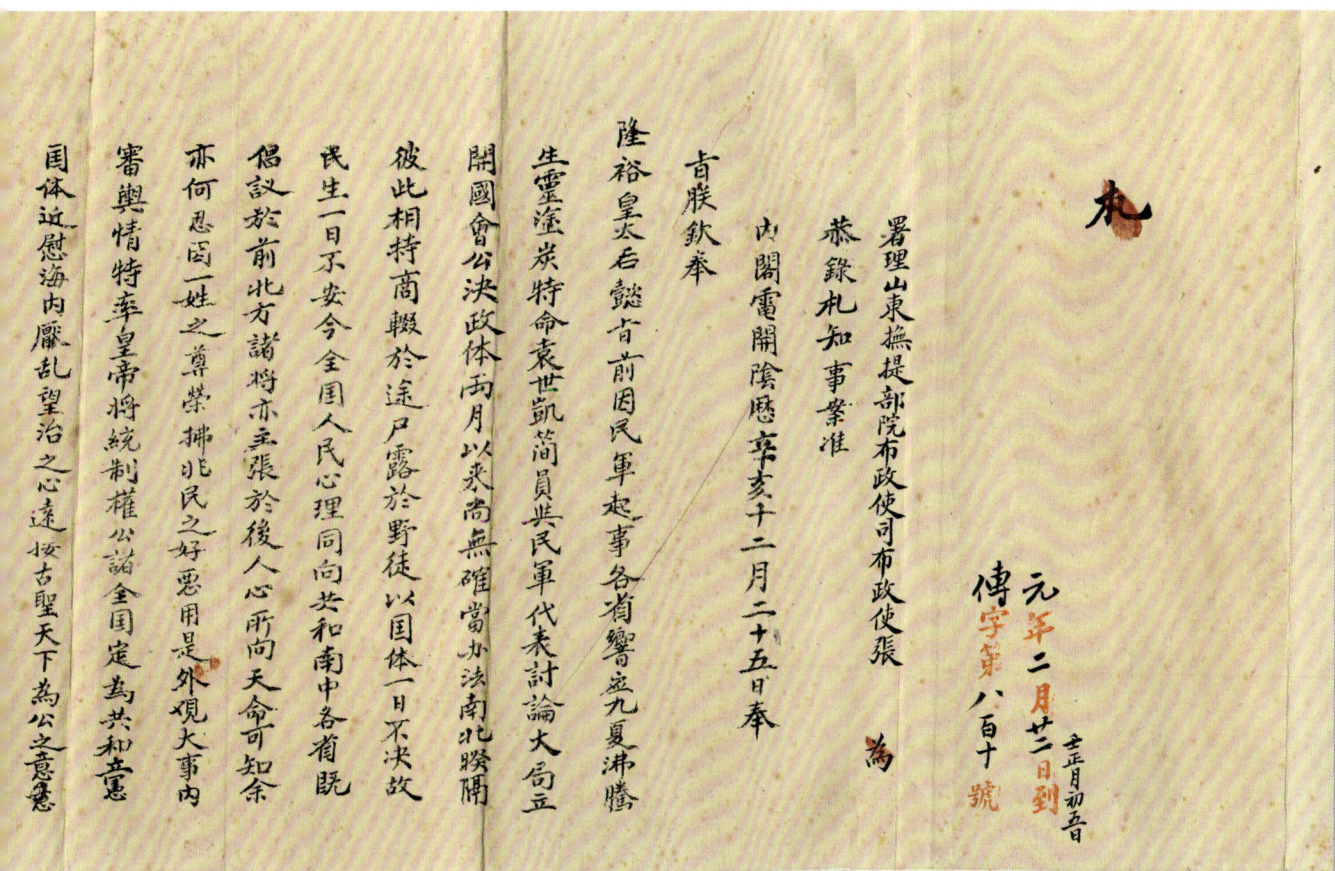

札

国体近慰海内厞乱望治之心远按古聖天下為公之意慮

審輿情特率皇帝將統制權公諸全國定為共和立憲

亦何忍因一姓之尊榮拂北民之好惡用是外觀大勢内

倡議於前北方諸將亦主張於後人心所向天命可知余

民生一日不安今全國人民心理同向共和南中各省既

彼此相持商輟於途尸露於野徒以國體一日不決故

開國會公決政體兩月以來尚無確當辦法南北睽開

生靈塗炭特命袁世凱簡員與民軍代表討論大局

隆裕皇太后懿旨前因民軍起事各省響應九夏沸騰

百姓欽奉

内閣電開陰曆辛亥十二月二十五日奉

恭錄札知事業准

署理山東撫提部院布政使司布政使張　為

元年二月廿二日到　壬正月初五日

傳字第八百十號

栾钟尧

1878—1929

字星螫，山东栖霞人。1904 年他以秀才身份官费留学日本东京政法大学。翌年 8 月，经徐镜心介绍加入中国同盟会，成为山东籍留日学生中较早的同盟会会员之一。1906 年回国后，在青岛组织《晨钟》杂志推销处，进行秘密反清活动。1911 年 10 月武昌起义后，栾钟尧积极策应，秘密联络革命党人及海防营军官等 18 人为起义骨干，主张先在烟台发起脱离清朝廷的独立活动，立即得到同盟会山东分会的支持。栾钟尧指挥众人于 11 月 12 日夜间起义，智取海防营，占领道署衙门和大清银行，次日凌晨宣布烟台独立。由此，参加烟台首义的 18 名骨干被誉为"十八豪杰"，栾钟尧名列其首。

栾钟尧赠徐镜心的红日松鹰图轴

1911年
烟台市博物馆藏

辛亥革命前栾钟尧赠送给徐镜心的指画，画中题跋："辛亥夏六月，仿日本桥本雅邦氏原稿于济南旅次，以为子俭同学兄补壁用品。弟星螫垚之爪痕。"钤有五个朱印，内容分别是"读书乐""栾钟垚""星螫""渔舟唱晚"。

　　辛亥革命推翻了在中国延续了两千多年的封建君主专制制度，革命党在山东兴起并发展成长为长江以北规模最大的反清革命力量。1912 年 1 月 1 日上午 10 点，上海各界欢迎孙中山赴南京就任中华民国临时大总统。

中华民国开国纪念壹圆银币

1912年
桓台博物馆藏

银质纪念币，正面中央为孙中山侧面像，上下铸有"中华民国开国纪念币"隶书字样，左右为五瓣梅花各一支，意为"五权宪法"之意，周边有珠点，齿状装饰。背面中央为中文隶书书体"壹圆"二字，左右各辅以嘉禾图案，每枝一穗三叶，代表"三民主义"之意，上侧铸有"MEMENTO"（纪念币）字样，下侧为"BIRTH OF REPUBLIC OF CHINA"（中华民国诞生），左右上方分列六角星图案。

辛亥革命后，全国各地币制较为混乱，中华民国临时政府财政部部长陈锦涛于1912年3月11日呈文大总统孙中山，建议铸1000万元纪念银币以为整顿，图案采用大总统孙中山肖像，以后的通用银币再改花纹式样。孙中山同意并认为"中间应绘五谷模型，取丰岁足民之义，垂劝农务本之规"，训令财政部速制新模，分令各省造币厂照式鼓铸。财政部也就颁下模给江南（南京）、湖北、广东等造币厂依式铸造。

徐镜心等陪同孙中山游崂山时的摄影

1929年翻拍
山东博物馆藏

1912年徐镜心等人陪同孙中山游览青岛崂山时所摄照片，原照摄于1912年，此为1929年翻版。左二为孙中山，左一为徐镜心。

轰轰烈烈的辛亥革命以南北"和议"的方式而结束，清朝皇帝被逼退位，南北方形式上完成"统一"。1912年3月6日，南京临时参议院议决同意袁世凯在北京就职。4月5日，参议院议决临时政府迁于北京。以孙中山为代表的革命党人建都南京的努力宣告失败，辛亥革命所取得的政权被北洋军阀袁世凯所窃夺。

1912年8月，已辞去中华民国临时大总统职务的孙中山，在袁世凯"共商国家大计"的邀请下抵达北京。此后，孙中山带着实业兴邦的宏愿，先后到今石家庄、济南、青岛等地视察，宣传自己的抱负，号召重视制造业，推动商业兴旺。访问青岛是孙中山先生的夙愿。早在1905年，他游历欧洲、造访柏林时，就多次提到青岛，对青岛的土地制度尤为欣赏。当时，青岛在德国的统治下，要想请孙中山来青，必须经过德国提督批准。德国当局惧怕孙中山维护国家主权的政治宣传，不同意接待他来青。当孙中山闻知德督的拒绝态度时，毅然表示："我本来不准备去青岛，既然德国侵略者不喜欢我去，我就非去不可。"孙中山于1912年9月28日抵青，受到青岛人民的热烈欢迎。在受邀参观了三江会馆、胶海关、广东会馆、青岛专门大学、青岛基督教青年会后，于10月1日在青岛当地同盟会会员刘冠三、徐镜心、陈干等陪同下，偕夫人卢慕贞、秘书宋霭龄一行游览崂山并登临巨峰顶，与随行人员合影留念。崂山是孙中山1912年青岛之行的最后一站，10月1日晚，孙中山乘坐"龙门"号轮船离青返沪。

青岛专门大学欢迎孙中山摄影

1912年
山东博物馆藏

　　1912年4月1日，孙中山以普通国民身份投入实业建设，为实现其民生主义理想而奋斗。同年9月9日，袁世凯颁布中华民国临时大总统令，任命孙中山为全国铁路督办，特授以"筹划全国铁路全权"。孙中山为考察胶济铁路来到青岛，于9月30日参观青岛专门大学，并发表演讲。在演讲中，孙中山以青岛现代化建设成绩为例，勉励学生发奋学习，建设祖国。演讲完毕后孙中山在学校东面小山前与同学们合影留念。

　　青岛专门大学，即青岛特别高等专门学校，又称德华大学、黑澜大学、德华高等学堂等，1909年由中德两国政府组织创办，是中国第一所中外政府合办大学，开青岛高等教育先河。它也是第一所设立在中国，并得到清政府承认的德国大学。1909年9月12日开学。1912年该校有专任和兼任德国教师26人、中国教师6人，德国教师中有的是驻青的官员。该校学生最多时达400多人，来自全国各地和海外，学生合格毕业后可分配工作，也可以升入京师大学堂深造。1914年秋季，德华学堂已有300多名学生，同时教授西学和中国传统课程。初级阶段为六年，所教课程为德语、历史、地理、数学（分为算术、代数和几何）、逻辑学、生物学（分为植物学和动物学）、物理学、化学和绘画课。中国课程为古籍、历史、地理、伦理和文学。高级阶段由国政学、医学、科技学和农林学几类学科构成。1914年第一次世界大战爆发后，该校解散，师生迁至上海，与上海同济医学专科学校合并，称同济大学。

专门大学校全体学员 欢迎孙中山

中华民国纪元九月九日辛亥年

青岛特别高等专门学校同学录

1913年
山东博物馆藏

　　1913年青岛特别高等专门学校同学录记载了该校来自全国各地的300多名学生的基本信息。同学录封面印有张培祥姓名款，内文以列排序，登记了学生的姓名、年龄、出生地、班级以及家庭住址。

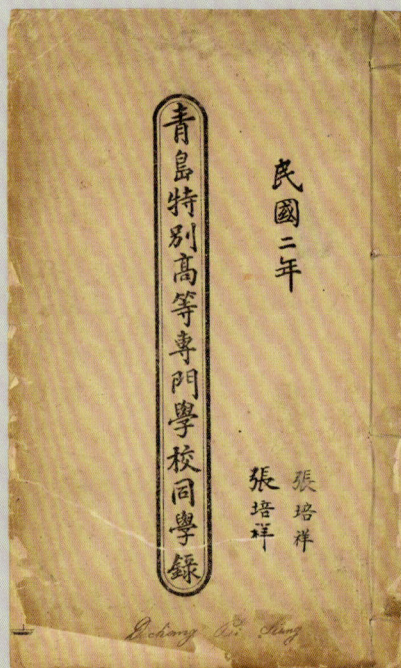

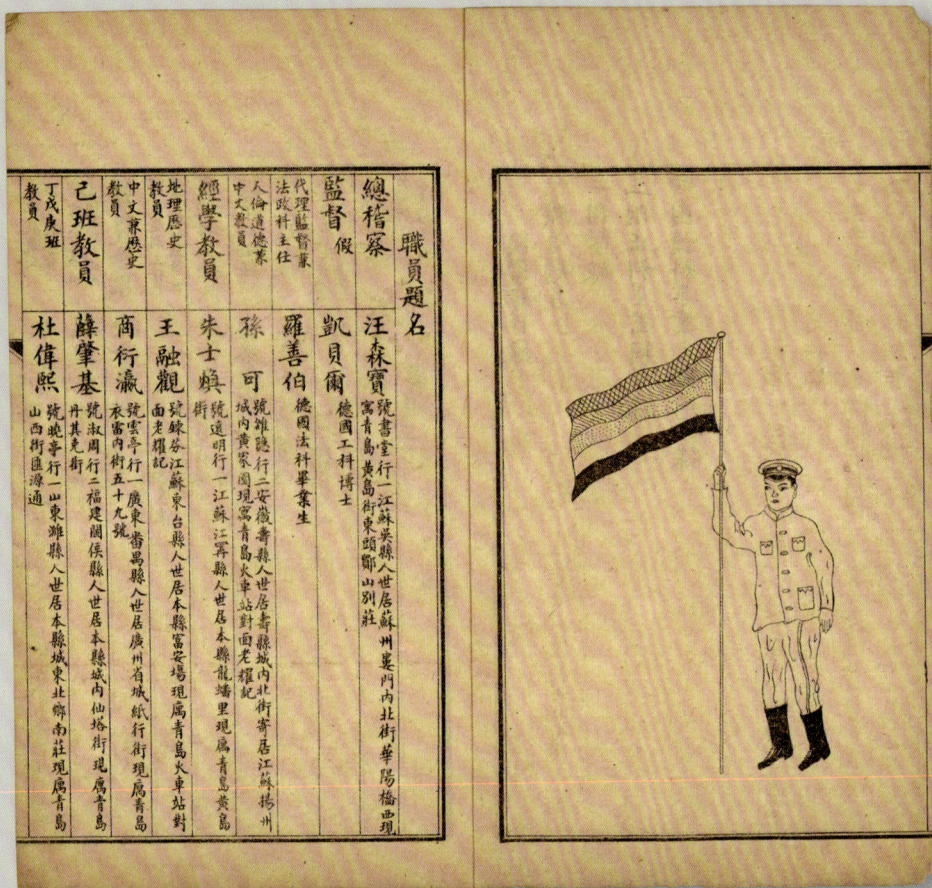

孙中山著《建国方略》

1940年
地雷战纪念馆藏

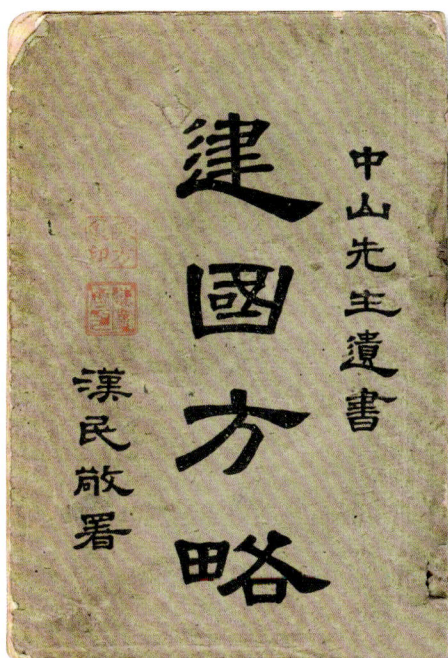

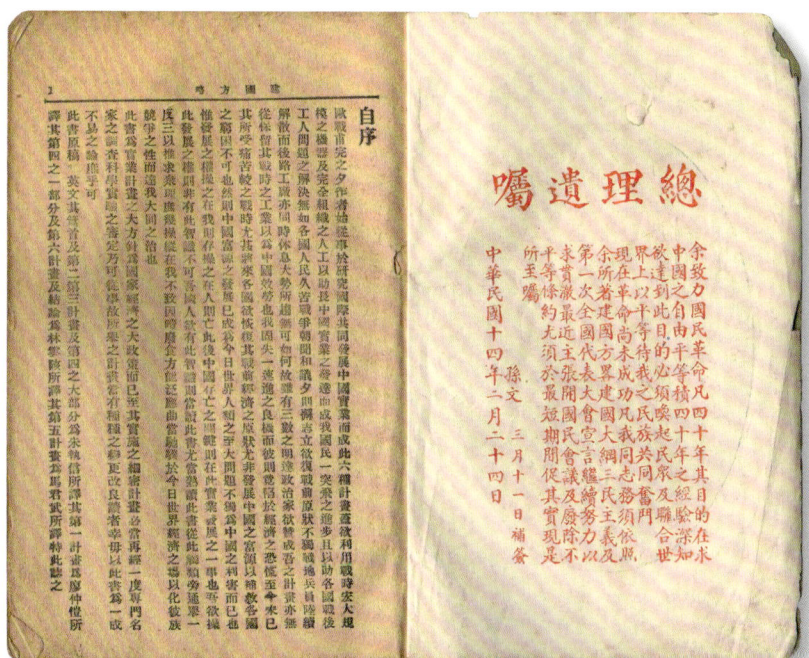

九经书局1940年版。封面印有"中山先生遗书《建国方略》汉民敬署",首页为孙中山像。

《建国方略》是孙中山于1917年至1920年期间所著的三本书——《孙文学说》《实业计划》《民权初步》的合称。《孙文学说》又名《知难行易的学说》,于1919年春夏间出版,从心理建设角度论述"知难行易"的哲学思想,后编为《建国方略之一:心理建设》。《实业计划》是一份全面快速进行经济建设的宏伟纲领,提出了发展中国经济的远景规划,包括建设铁路十万多公里,建设华北、华中、华南三大世界级港口等项目。第一次把经济建设放到首位,第一次提出对外开放、引进外资的经济战略思想,最初是用英文写成的,原名 *The International Development of China*,1919年2月完稿,发表于1919年6月号《远东时报》,后编为《建国方略之二:物质建设》。《民权初步》又名《会议通则》,出版于1917年,是一部关于民主政治建设的论著,叙述了政府的组织、运作和普通大众在社会生活中应把握的具体民主原则、程序和方法,反映了孙中山的民主政治思想,后编为《建国方略之三:社会建设》。

　　袁世凯任民国总统后倒行逆施，孙中山主张兴师讨袁。1913年7月12日，李烈钧在江西起兵，揭开了"二次革命"的序幕。孙中山发表宣言及讨袁通电，公开宣布与北洋政府决裂。同月23日，袁世凯下令撤销孙中山的筹办全国铁路权。8月2日，为理想中的中国铁路事业辛勤奔波了一年之久的孙中山，迫于形势不得不避走日本，其宏大的筑路计划遂告破灭。

1913年3月，孙中山和黄兴等人在上海商讨反袁问题时合影。

徐镜心等宪法起草委员会委员在天坛前合影

1913年"二次革命"爆发后，当选民国宪法起草委员会委员的徐镜心（后排左六）以国会为阵地，开展反袁斗争。

1916 年 6 月 2 日，中华革命军东北总司令居正奉孙中山之命，由青岛率部 200 余人进驻潍县，向潍县城内袁世凯驻军张树元部发起进攻，25 日东北军入城。

驻扎潍县城里的东北军总司令部本部

济南商埠商会关于山东省各界
追悼孙中山逝世纪念活动信函

1925年
山东博物馆藏

　　1925年山东省各界追悼孙中山先生大会召开前,济南商埠商会致追悼会筹备处的信件及追悼大会礼节秩序单,写明了追悼会筹备处工作人员的分工安排和追悼大会的进行流程。

　　1925年3月12日,孙中山于北京逝世。闻此噩耗,全国各地陆续组织了哀悼活动。3月中旬,山东国民会议促成会、山东女界国民会议促成会等团体会同山东省议会等提议召开山东各界追悼孙中山先生大会,得到广泛响应。经过积极的筹备,大会于1925年4月27日至4月29日举行,会场设在济南商埠公园(今中山公园)内。4月27日上午9时,追悼大会开始,山东省省长龚积柄报告开会宗旨。由王乐平报告孙中山先生一生革命之经历。会上进德中学及竞进女学乐队先后唱追悼哀歌。下午,驻济英、日各领事及旅居山东的外商先后到公园致祭。

　　4月28日,前往致祭者有大专学校和中小学数十所,还有长清、茌平等县教育局,历城劝业所,胶济路工会,津浦路工厂工会等50多个团体。4月29日,前往致祭的有学校20余所及商埠商会、银行公会等30多个团体。下午5时许,举行毕会式,至6时散会。三日间,到会参加公祭的山东各界人士共约30余万人。

民国时期的济南商埠公园(今济南市的中山公园,曾为山东省各界追悼孙中山逝世纪念活动地)

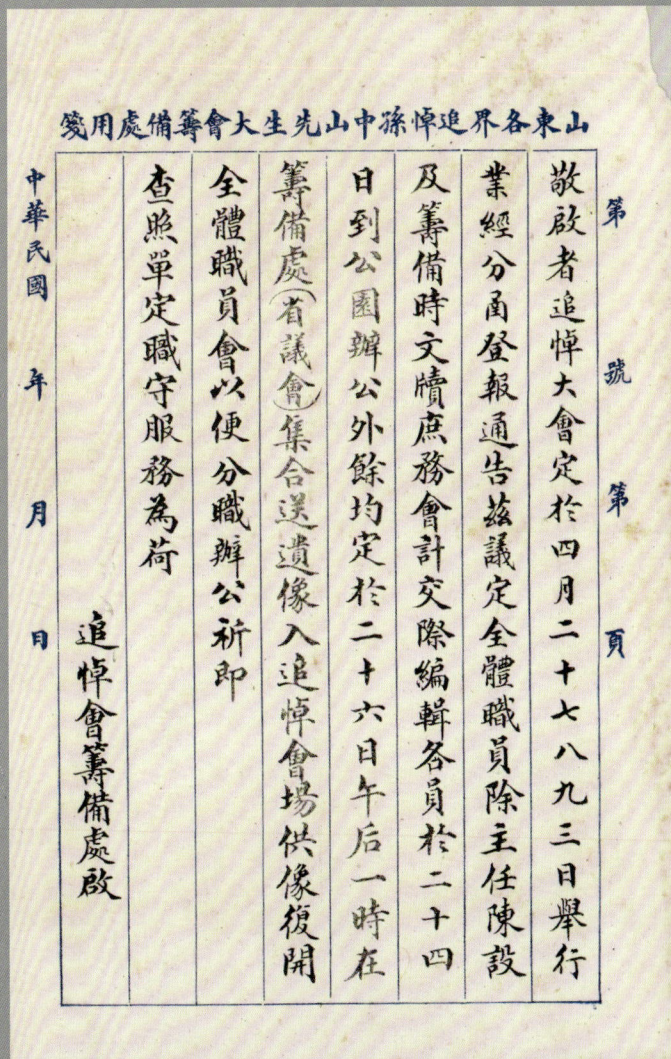

邹耀廷烈士遗像

辛亥革命时期
山东博物馆藏

　　邹耀廷（1871—1913），又名邹斌元，山东黄县（今烟台龙口市）人。辛亥革命先烈，中国同盟会会员。

　　邹家世代经商，青少年时期的邹耀廷本想以文章而谋仕途，但在看到外敌入侵和清朝腐败专制统治下国家残破、民不聊生，深感文弱苟安不可行，决心走强兵救国之路。在十八岁时弃文习武，并取得武庠生的名分。邹耀廷仗义疏财，曾热心资助中国同盟会会员徐镜心、李召南等去日本留学，经常资助同盟会的革命活动，并把自家当成革命党人转递书报的交通站。1911年武昌起义后，邹耀廷跟同盟会会员秘密商议响应，成立黄县农会，邹耀庭任会长。邹耀廷对农会工作精心筹划，还出资恢复了红十字会慈善机构，附设中西医义诊部。1912年初，革命党人在烟台成立山东军政府，邹耀廷被任命为财政顾问，兼襄办军事。1913年宋教仁被刺杀后，邹耀廷去天津借直鲁豫煤矿公司名义与其他国民党人组织救国社，开展地下秘密反袁运动。1913年8月23日被袁世凯的密探逮捕，押至北京，遭受酷刑但依然凛然不屈，于10月3日英勇就义。1936年，邹耀廷被民国政府追认为烈士。同年5月公葬于济南千佛山辛亥革命烈士墓。

张同普烈士遗像

辛亥革命时期
山东博物馆藏

　　张同普（1890—1912），字寰宸，山东潍县（今潍坊）人。辛亥革命先烈，中国同盟会会员。

　　1890年生于山东潍北常疃村，因其父张联元在潍县乐道院供职，张同普幼年即迁至乐道院北村。十六岁于乐道院广文书院（教会学校）毕业，后考入广文大学（齐鲁大学前身）。1907年，经谢鸿焘、杜佐宸介绍加入中国同盟会，张同普与安丘的秦义斌、曹志新，临朐的张延禄等革命党人，在广文大学成立中国同盟会小组，秘密宣传革命思想。而后，他们的活动范围由潍县逐渐扩展到昌乐、安丘、昌邑、诸城、寿光、广饶、高密等地，对昌潍一带的革命运动产生了很大影响。1911年武昌起义后，张同普被推举为潍县代表，与丁惟汾等共谋山东独立。1912年1月11日加入山东北伐革命军，在胶东月余斗争中深入敌后，组织革命力量。后转济南组织讨袁力量。张同普遭袁世凯逆党仇视，被勒令回籍。他回潍后，反袁意志更为坚决，与赵文庆等在青州组建"桃园军"，筹划二次革命，与长江革命军相呼应。后不幸被捕。1912年8月，被杀害于济南东关小刑场，年仅22岁。

王维祥所得四等白色奖章

1912年
青岛市博物馆藏

银质奖章，表面镶珐琅。正面有"中华民国"四字，背面有"造局铸印"四字，上挂有五色旗绶带。系山东荣成成山乡（今荣成市成山镇）人王维祥在辛亥革命时期所获得。

1912年12月颁布的《临时大总统公布陆海军奖章令》，规定陆海军各种奖章，凡陆海军于平时战时著有劳绩者，或非陆海军于陆海军特别任务中著有劳绩者，分别给予奖章。其中陆海军在战时战役中著有成绩，堪资式者；随同出征尽瘁任务，确有证据者；平时拿获土匪，在事出力者；镇压内乱时，奋勇救护人民之生命财产，致获保全；艺能出众，屡次从事勤务，成绩卓著者；发明军用物件，经长官考验，认为合用者；无旷职，成绩甚优者可获得奖章。奖章分为金色奖章、银色奖章、蓝色奖章、白色奖章四等，其中一等、二等奖章授予官佐，三等、四等授予士兵。奖章均采用银质，外作五瓣，各瓣间联以梅花。一、二等上冠花叶三枚，三、四等上冠一环。奖章所用小绶，以色区别。赏给战时官佐士兵者采用五色旗绶带，赏平时官佐士兵者则采用蓝色黄边绶带。

王维祥的中华民国五色旗奖章

民国初期
青岛市博物馆藏

银质奖章，正面五色旗、嘉禾及中间"奖章"二字铭文处镶珐琅。背面光素无纹，上挂有蓝色黄边绶带。为荣成山乡（今荣成市成山镇）王维祥在辛亥革命时期所获，由北洋政府颁发。

奖章正面为"五色旗"图案，五色旗为中华民国北洋政府统治时期的国旗。中华民国南京临时政府于1912年1月成立。孙中山被选举为临时大总统，为争取袁世凯倒戈革命政府，五色旗被选为了临时国旗。1912年4月，临时政府北迁。5月10日，北京临时参议院议决以五色旗为国旗、十九星铁血旗（原十八星铁血旗中心增加一星）为陆军旗、青天白日旗为海军旗。1912年6月8日，袁世凯发布"临时大总统令"，宣布五色旗正式成为中华民国法定国旗。1925年，中国国民党在广州成立国民政府，定青天白日满地红旗为中华民国国旗。1925年至1928年北伐战争期间南北双方以青天白日满地红旗和五色旗对立。1928年12月29日东北易帜后，青天白日满地红旗成为中华民国统一的国旗，五色旗作为国旗的历史正式结束。

魏嵋手书《实行革命事迹》

民国初期
青州市博物馆藏

　　《实行革命事迹》是真实记录辛亥革命战事的激烈和战争艰苦的珍贵历史文献。

　　1903年，魏嵋同次子魏复中、四子魏复庄、女儿魏复丽一起参加革命团体兴中会。1905年，参加中国同盟会。1911年辛亥革命爆发后，魏嵋父子参加"淮泗讨虏军"战斗，并转战淮河南北，参加固镇、宿州、萧县、徐州、夹沟等多次战斗。1921年山东早期共产党组织建立不久，在王尽美、邓恩铭等人指导下，青州东圣水村成立了最早的革命组织。后来，魏嵋追随党的一大代表王尽美和邓恩铭，在青州率先开展了党的活动。为了资助革命大业，他的家产典卖几尽。魏嵋一家有7人被人民政府批准为革命烈士。魏嵋于1929年8月13日逝世。中华人民共和国成立后，魏嵋的名字被收入《山东省著名革命烈士英名录》。现在东圣水村保存有魏嵋故居。魏嵋一生虽然未加入中国共产党，但是他为中共青州支部的成立和山东党组织领导下的革命运动的开展作出了杰出贡献。

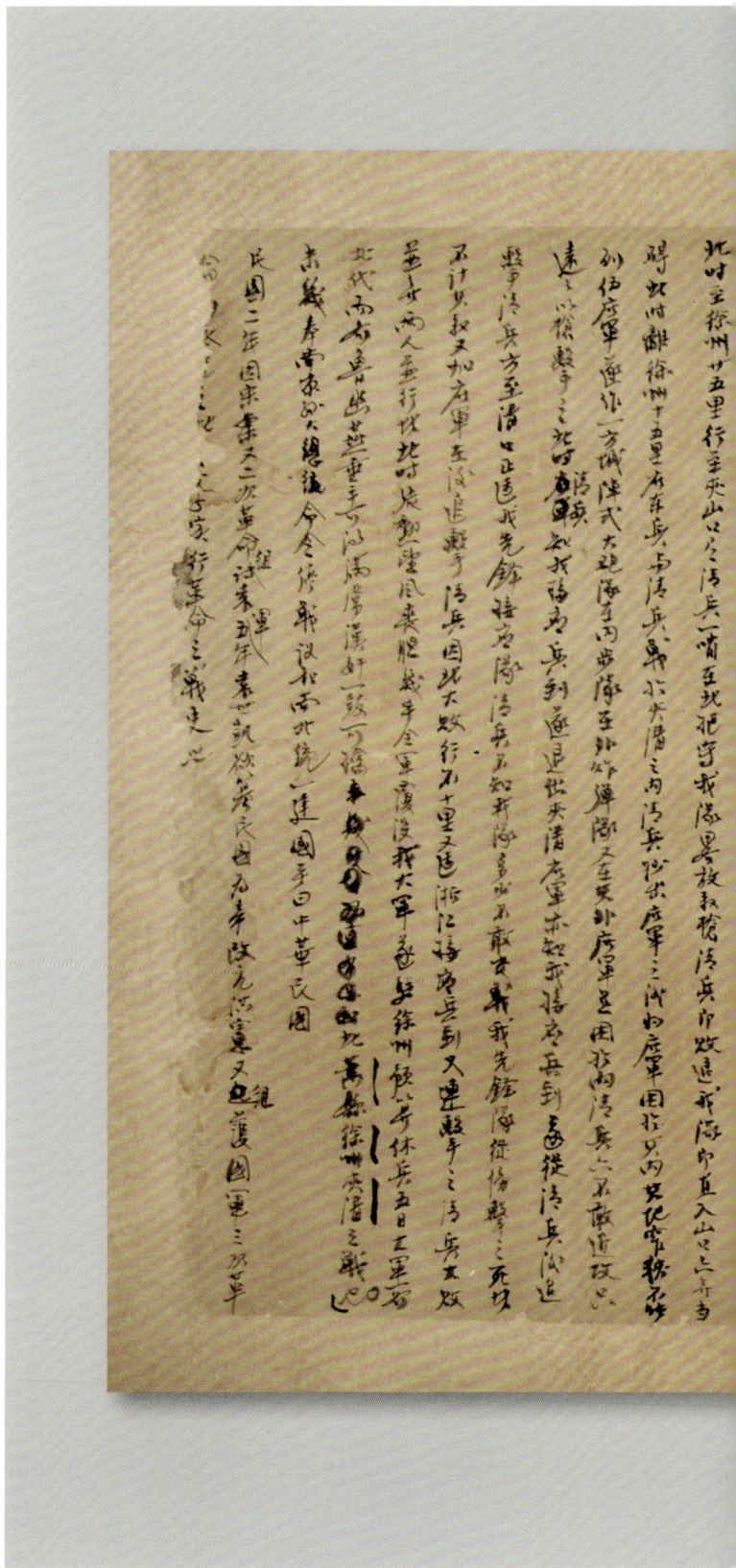

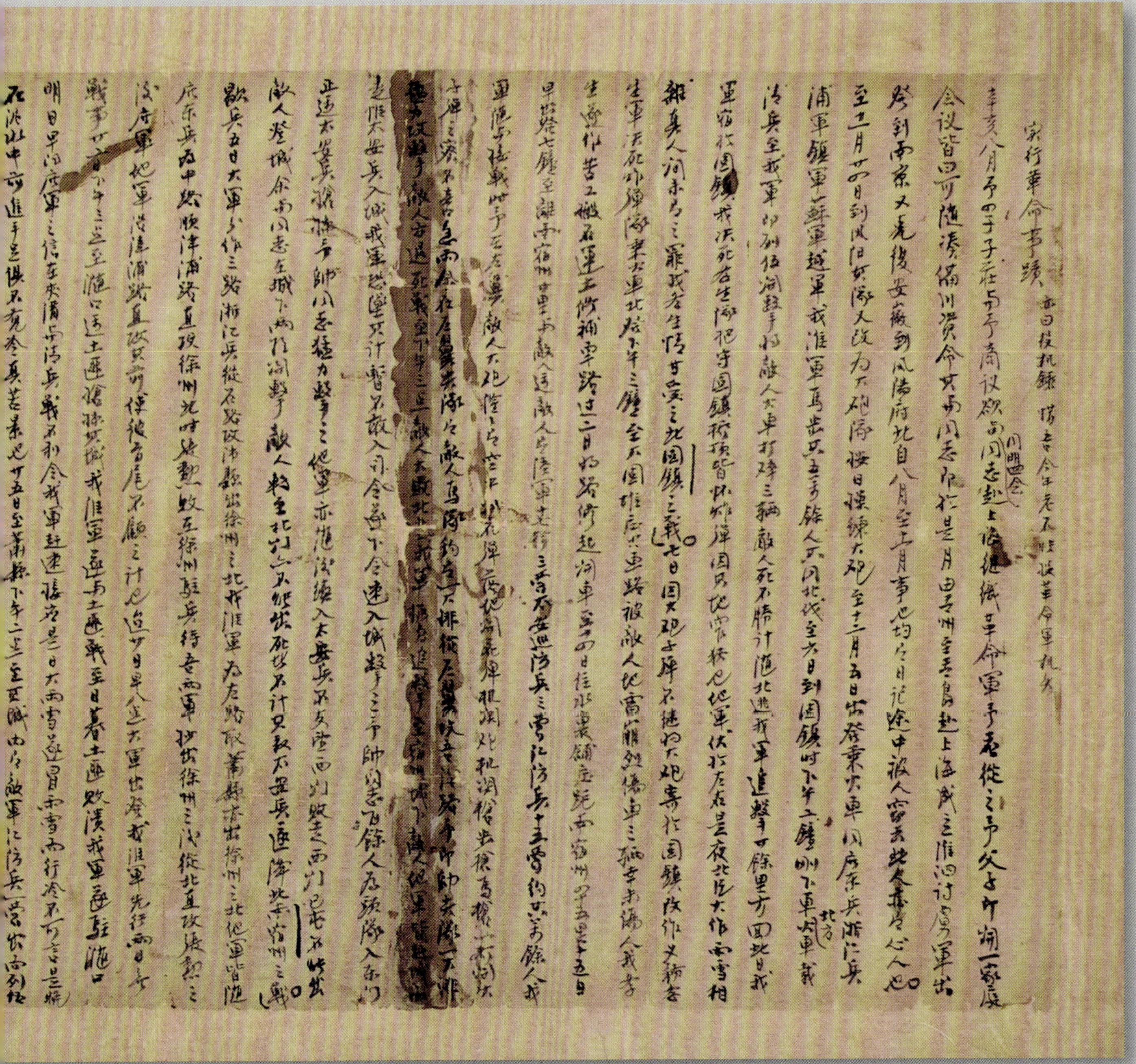

实行革命事迹

此碑青石质，方首。碑身长1.61米，宽0.7米，厚0.2米。保存较好。碑分阴阳两面，碑阳为墓名，刻有"萧烈士香坡之墓"。碑阴为墓表，主要介绍萧兰池烈士生平和事迹。

　　萧兰池（1881—1912），字香坡，山东潍县双台乡萧家埠村人。1906年入山左公学，加入同盟会，后转入农林学校。1911年毕业回昌邑任劝学员长。在济南受职时适逢武昌起义爆发，于是留济与革命党人共谋山东独立。独立运动取消后，他和刘溥霖等10余人密谋发动起义，不慎事泄，被逮捕入狱。被捕期间百折不屈，直到民国成立才获释。之后追随刘冠三前往徐州参加淮泗讨房军，后又回到济南，1912年回昌邑协助彭忠豪、周振声等人在议参两会筹备共和促进会做宣传工作。后在昌邑五一八惨案中牺牲。

辛亥革命烈士碑

1917年
青岛市即墨区博物馆藏

　　此碑是为纪念辛亥年十二月十日（1912年1月28日）死难的民军（起义军）刘湖孟、于正仁等17人而立。碑体用白大理石雕造，长2.02米，宽1.03米，厚0.16米。阳面勾镌"烈士碑"三个大字，上款镌"中华民国六年一月吉日"，下款镌立碑者修竹坡等13人姓名。阴面镌刻碑文400余字。

　　1911年10月10日夜武昌起义爆发，起义军掌控武汉三镇后，成立了湖北军政府，黎元洪被推举为都督，改国号为中华民国。武昌起义胜利后短短两个月内，湖南、广东等十五个省纷纷宣布脱离清政府宣布独立。1912年1月，同盟会会员周敦恂、陈献堂、隋子孚、宋兆麟等人于山东即墨成立"保安会"，响应辛亥革命，27日率众占领县署，驱逐知县张同皋，组织了临时领导机构。一个月后遭到清军镇压，起义失败，17名革命党人惨遭杀害。1917年1月，已经主政即墨的革命党人召开了纪念即墨起义死难烈士追悼大会，对辛亥革命的死难烈士予以追悼和纪念，并在即墨城西马王庙后立纪念碑，正面书写"烈士碑"三字，碑背面作文以志殉难的17位烈士。